GESTÃO DE GRUPOS COMUNITÁRIOS

Dados Internacionais de Catalogação na Publicação (CIP)
(Câmara Brasileira do Livro, SP, Brasil)

Liss, Jerome
    Gestão de grupos comunitários: as bases da comunicação ecológica / Jerome Liss. — São Paulo: Summus, 2010.

    Bibliografia.
    ISBN 978-85-323-0651-7

    1. Administração de conflitos 2. Comunicação 3. Dinâmica de grupo 4. Grupos sociais 5. Interação social 6. Movimentos sociais 7. Relações humanas 8. Relações interpessoais I. Título.

09-11200   CDD-302.3

Índice para catálogo sistemático:

1. Comunicação ecológica: Grupos comunitários:
   Interação social: Psicologia social   302.3

Compre em lugar de fotocopiar.
Cada real que você dá por um livro recompensa seus autores
e os convida a produzir mais sobre o tema;
incentiva seus editores a encomendar, traduzir e publicar
outras obras sobre o assunto;
e paga aos livreiros por estocar e levar até você livros
para a sua informação e o seu entretenimento.
Cada real que você dá pela fotocópia não autorizada de um livro
financia um crime
e ajuda a matar a produção intelectual em todo o mundo.

Jerome Liss

GESTÃO DE GRUPOS COMUNITÁRIOS

As bases da comunicação ecológica

Tradução: Moysés Aguiar

summus editorial

Do original em língua inglesa
ECOLOGICAL COMMUNICATION
a manual for grass-roots groups

Copyright © 1992 by Jerome Liss
Direitos para a língua portuguesa adquiridos por Summus Editorial

Editora executiva: **Soraia Bini Cury**
Editoras assistentes: **Andressa Bezerra e Bibiana Leme**
Tradução: **Moysés Aguiar**
Ilustrações: **Luigi Russo (com base em ideias de Jerome Liss)**
Capa: **Gabrielly Silva / Origem Design**
Projeto gráfico e diagramação: **Acqua Estúdio Gráfico**
Impressão: **Sumago Gráfica Editorial**

Nota da editora: o texto original passou por pequenas atualizações, sem comprometer as ideias do autor. Para que possam ser identificadas, essas atualizações aparecem em itálico.

Summus Editorial
Departamento editorial:
Rua Itapicuru, 613 – 7º andar
05006-000 – São Paulo – SP
Fone: (11) 3872-3322
Fax: (11) 3872-7476
http://www.summus.com.br
e-mail: summus@summus.com.br

Atendimento ao consumidor:
Summus Editorial
Fone: (11) 3865-9890

Vendas por atacado:
Fone: (11) 3873-8638
Fax: (11) 3873-7085
e-mail: vendas@summus.com.br

Impresso no Brasil

SUMÁRIO

Apresentação 7
Henri Laborit

Introdução – O que é comunicação ecológica? 9

PARTE I – **A PRÁTICA DA COMUNICAÇÃO ECOLÓGICA**

Os facilitadores são necessários para que se consiga um contato frutífero ... 15
Métodos básicos da comunicação ecológica 23
Ver as coisas por vários ângulos, em vez de por um só 43
Fazendo críticas construtivas 55
Resolução de conflitos 65
Projetos: a importância da concretização 71
Cooperação entre entidades 91
A autoevolução do grupo 99

PARTE II – **A EXPERIÊNCIA DOS GRUPOS COMUNITÁRIOS**

Por que participar de um grupo voltado à transformação social? 105
Iniciando seu próprio grupo 109

PARTE III – **POR QUE A SOCIEDADE PRECISA DE GRUPOS COMUNITÁRIOS PELA TRANSFORMAÇÃO SOCIAL**

Dos grupos hierárquicos aos grupos comunitários 119
Os grupos comunitários podem desencadear a nova evolução ecológica? 129

Apêndice I – **O que se entende por grupos comunitários pela transformação social** 133

Apêndice II – **Como um grupo pode mobilizar o público em resposta a uma crise ou a um projeto de lei** 140

Apêndice III – **Pesquisa de rua** 143

Apêndice IV – **O festival da educação** 145

Bibliografia 149

APRESENTAÇÃO

Há cárceres com grades, mas há outros dos quais é difícil fugir, porque não temos a consciência de que somos prisioneiros. Há as prisões de nossos automatismos culturais... O emprego dos meios de comunicação de massa, que aparentemente "informam", faz que a informação penetre, todos os dias, numa mesma direção, aquela que parte do poder para alcançar as pessoas comuns.

(Henri Laborit, *A pomba assassinada*)

Não sendo nem profeta nem guru, e não tendo soluções precisas para os problemas levantados, tendo a crer que um processo arriscado, porém eficaz, poderia ser colocar em contato, em todo o planeta, pequenos grupos humanos, não institucionalizados e sobretudo não institucionalizáveis, defensores convictos da não violência e céticos em relação a toda ideologia, a toda ideia, a todo acontecimento, que se originem das bases e que sejam livres quanto às estruturas hierárquicas piramidais, tendo em vista a construção de uma sociedade completamente renovada; de fato, até hoje, as sociedades e os estados sempre são constituídos com base na centralização e na escala hierárquica. Utopia? Com certeza.

(Henri Laborit)

A competição econômico-industrial que ocorre internacionalmente é muitas vezes negada. Entretanto, ela é a causa primeira da destruição acelerada da biosfera; a miséria de bilhões de homens aumenta na proporção direta da opulência de uns poucos. Mas existe, atualmente, uma solução possível: comunicar-se.

Tenho afirmado amiúde que, de acordo com a biologia do comportamento, em geral só o inconsciente se comunica de modo completamente inconsciente.

Outra possibilidade é a ecologia. Como é possível ler em inúmeras resenhas, este livro de Jerome Liss surge em momento oportuno e pode encontrar lugar em qualquer biblioteca. Com efeito, tem-se ressaltado que ele não só chega no tempo certo como antecipa os tempos.

Para terminar, devo dizer que a amizade é capaz de impulsionar a realização de todas as coisas. Quase sempre recuso convites para escrever apresentações. Mas no caso de Jerome Liss, foi somente por uma profunda amizade que atendi ao seu desejo.

Henri Laborit

INTRODUÇÃO

O QUE É COMUNICAÇÃO ECOLÓGICA?

A comunicação ecológica é o resultado da aplicação às relações humanas de princípios ecológicos: ela procura desenvolver os recursos pessoais de cada um e respeitar a diversidade, mantendo ao mesmo tempo a coesão do todo, de tal maneira que as pessoas possam atuar em conjunto tendo em vista um objetivo comum. Assim como ocorre na natureza, existe entre os humanos um equilíbrio entre as necessidades individuais e o crescimento do todo, do entorno grupal. Desse modo,

as palavras-chave da comunicação ecológica são: recursos, crescimento, individualidade, totalidade.

Essa modalidade de comunicação pode ser aplicada a todos os aspectos da vida humana: família, escola, trabalho e amizades. Pode servir, também, como referência para grupos comunitários (os termos correspondentes em inglês, *grass-roots groups* e *basic groups*, sugerem uma multiplicidade de grupos que se formam por iniciativa popular. No Apêndice I, "O que se entende por grupos comunitários pela trasformação social", apresenta-se uma variedade de grupos comunitários que as pessoas poderiam organizar).

EQUILÍBRIO ENTRE O INDIVÍDUO E O GRUPO: UM DILEMA A SOLUCIONAR

Todo grupo precisa encontrar um equilíbrio entre a satisfação das necessidades individuais dos membros e a satisfação dos objetivos do grupo como um todo. Como as ideologias capitalista e comunista não conseguiram resolver essa questão, surgiu a tradição cultural de isolar o indivíduo do seu meio grupal.

Os conceitos de **individualidade** e **coletividade** parecem antagônicos, o contrário do que são na realidade, ou seja, interdependentes, reciprocamente úteis.

O dilema é: como harmonizar as necessidades individuais com a manutenção e o crescimento do grupo? A resposta é a ecologia.

A palavra "ecologia" vem do grego *oîkos*, que significa "casa". Isso implica que o homem vive numa casa, representada pela natureza e pelo ambiente global. É necessária uma integração entre o homem e o ambiente que o cerca: essa é a questão.

COMUNICAÇÃO ECOLÓGICA: RESPEITO AO INDIVÍDUO E AO CONTEXTO

O que queremos dizer, então, quando afirmamos que a comunicação se torna ecológica? Queremos dizer que ela contempla o equilíbrio entre as necessidades do indivíduo e os objetivos do grupo. O princípio ecológico, aplicado à comunicação, nos leva a considerar o indivíduo (considerando-se a diversidade) e, simultaneamente, cooperar com o grupo (considerando-se o contexto).

A comunicação ecológica favorece a evolução e o crescimento tanto da pessoa como do seu contexto, evitando prejudicar um dos lados em benefício do outro.

"CULTIVAR OS RECURSOS": EXPRESSÃO E PROCESSO DECISÓRIO

OBJETIVO   Durante uma discussão, cada membro do grupo deve ter o direito de emitir sua opinião, participando, assim, da tomada de decisões.

EXPLICAÇÃO

Cultivar os seus recursos numa situação grupal significa ter a oportunidade de usar toda a sua capacidade expressiva durante a discussão de um projeto do grupo, manifestando-se quanto ao problema, aos fatos, às interpretações, às suas preferências pessoais e às soluções coletivas. Você pode ser ativo, não deve ser vencido pela passividade. "Cultivar nossos recursos" remete ao **uso** de nossas capacidades, sendo que, enquanto as utilizarmos, elas vão crescer e se desenvolver. A expressão e a decisão constituem capacidades fundamentais. Os grupos hierarquizados não cultivam nossos recursos, já que o líder domina a discussão e toma as decisões. O grupo orientado pela comunicação ecológica, pelo contrário, caminha na direção de um duplo objetivo: o florescimento de cada membro (por meio da expressão plena) e a consecução das metas coletivas.

Ainda assim, alguns problemas terão de ser superados. "Quanta expressão individual! Que confusão! E quantos conflitos!": o que a comunicação ecológica oferece? Métodos para um rigoroso autocontrole aos membros do grupo e também um facilitador, que contribuirá para a manutenção de um fluxo positivo.

MÉTODO

Todos têm a oportunidade de participar da discussão e da tomada de decisões

Líder: "Temos duas tarefas: ajudar o grupo a se desenvolver e ajudar-nos a nós mesmos, visando ao nosso crescimento. Cada questão analisada pelo grupo será aberta à discussão e todos participarão do processo decisório".

PARTE I A PRÁTICA DA COMUNICAÇÃO ECOLÓGICA

OS FACILITADORES SÃO NECESSÁRIOS PARA QUE SE CONSIGA UM CONTATO FRUTÍFERO

O QUE É UM FACILITADOR

A biologia nos ensina que as moléculas individuais recebem ajuda para se moverem na direção correta e para se juntarem adequadamente a outras moléculas, produzindo, assim, estruturas vitais. Elas são auxiliadas por facilitadores chamados **catalisadores** ou **enzimas**.

A complexidade da comunicação humana, especialmente num campo tão intricado e com tantos elementos como o dos grupos, demanda facilitadores neutros, que ajudem a direcionar o diálogo em todos os estágios de crescimento: o plantio de ideias, seu cultivo com exemplos, seu crescimento pelo diálogo, sua maturação por meio da atenção contínua e sua colheita mediante ações apropriadas. São passos complexos, como admitiria qualquer agricultor, e se tornam ainda mais complicados em se tratando de seres humanos. Por isso, o facilitador deve ter sólidos conhecimentos a respeito da comunicação humana. Precisa de experiência para saber como orientar sem pressionar, estimular sem envenenar, integrar sem interromper, ajudar sem sufocar; precisa ter paciência durante as tempestades e intervir judiciosamente, no momento correto.

Este livro oferece um roteiro, mas também são necessários o treinamento e a prática. Alguém pode aprender a dirigir um carro apenas com a leitura de um manual? O manual é um apoio, e esse também é o intuito deste livro.

Vale destacar que o facilitador não é o único que necessita compreender a comunicação ecológica: todos os membros do grupo precisam apreender seus conceitos básicos e também vivenciá-los. Caso contrário, nossos "facilitadores-enzimas" terão de tentar orientar "pessoas-moléculas" selvagens e descontroladas, sendo que, sozinhos, não poderão salvá-las do caos.

Quem deve atuar como facilitador? Em geral, o líder – ou quem tomou a iniciativa de criar o grupo – torna-se o facilitador. Mas, à medida que o grupo evolui, outras pessoas podem assumir esse importante papel.

COMO O FACILITADOR AJUDA NA COMUNICAÇÃO

OBJETIVO O objetivo do facilitador é conseguir extrair o melhor de cada um dos membros do grupo e, ao mesmo tempo, ajudá-los a interagir em harmonia com os demais.

EXPLICAÇÃO

Frequentemente a interação grupal encontra empecilhos. O facilitador auxilia na criação de caminhos pelos quais ela possa fluir; ele sintetiza ou reelabora o problema, de modo a ajudar o grupo a não perder o foco. Também estimula as pessoas a darem exemplos, quando suas ideias são abstratas, e a voltarem ao ponto-chave, quando o conteúdo se torna confuso. Outra função do facilitador é evitar que as pessoas se deixem afetar por conflitos, dogmatismo, monopolização, críticas negativas e julgamentos rígidos.

ALGUNS MÉTODOS

Evitar o dogmatismo e a escalada dos conflitos

"É possível evitar os julgamentos dogmáticos e os insultos? Para tanto, a cada crítica que você quiser fazer, focalize os aspectos positivos e dê sugestões. Afinal, não se trata de saber quem está com a razão, mas sim de conhecer cada ideia, descobrir suas vantagens e desvantagens."

Evitar a monopolização

"Queremos garantir que todos tenham a oportunidade de apresentar suas ideias a respeito desse tema tão controvertido. Por isso, gostaria de sugerir um limite de tempo de três minutos para cada pessoa que for falar, e também que déssemos prioridade àqueles que ainda não se manifestaram."

Tentar manter a discussão em um nível concreto

"Para que possamos compreender claramente o que está sendo dito, proponho que todos apresentem exemplos específicos."

Encorajar a contribuição por parte dos membros que estão de fora

"É importante que todos contribuam para o debate, uma vez que a questão diz respeito a todos nós. Por isso, eu gostaria de pedir àqueles que estão ouvindo em silêncio, de forma atenta, que nos digam qual é a sua opinião."

Evitar que se saia demais do assunto

"Vamos tentar nos concentrar na questão... (sintetizar o tema)? Se a discussão o fez pensar em algo que não ficou resolvido, faça uma anotação e proponha o novo tema assim que concluirmos o debate atual."

Evitar a inatividade física por tempo prolongado

"Vamos nos movimentar um pouco?"

CONCLUSÃO

Um grupo sem facilitador pode ser levado a uma situação caótica. A ação de um facilitador competente pode ser tão vital para um grupo quanto a catalisação enzimática para os movimentos moleculares das células.

ARMADILHAS À COMUNICAÇÃO DO GRUPO

Obstáculos mais frequentes:

1. **Tempo insuficiente** para que todos falem. Quando as pessoas se sentem frustradas por alguém estar falando demais, cria-se um clima de tensão e intranquilidade: "Não há tempo para que todos deem sua opinião!" Alguns protestam: "Eu me sinto lesado pelas pessoas que tomam conta da discussão".

   Por que isso acontece? Eis algumas hipóteses:
   - Há monopolização por parte de uma ou mais pessoas.
   - O grupo é muito grande.
   - Ninguém propôs um limite de tempo para cada intervenção.

2. **Dogmatismo:** as pessoas apresentam suas opiniões como se fossem verdades absolutas.

   Por que isso acontece? Eis algumas hipóteses:
   - Elas pensam que suas verdades pessoais devem, necessariamente, corresponder à verdade dos demais.
   - Elas não aprenderam a expressar sua "verdade interior" de modo que os outros recebam a mensagem sem se sentir prejudicados.
   - O grupo não foi adequadamente orientado no que diz respeito à apresentação de pontos de vista como perspectivas ou opiniões, e não como verdades absolutas. A tendência dogmática de "falar a verdade" pode se tornar contagiosa.

Todos participam?

3. **Moralismo ("você tem que")**: uma pessoa diz para as outras quais são as obrigações morais delas, ou seja, o que elas devem fazer para que sejam corretas do ponto de vista ético.

   Por que isso acontece? Eis algumas hipóteses:
   - As pessoas acham que sua moralidade pessoal ("eu tenho que") necessariamente se aplica aos demais.
   - Os membros do grupo não aprenderam a compartilhar seu sentimento de moralidade de tal forma que outros possam ouvi-los sem se sentir pressionados a concordar com eles.
   - Não está claro para o grupo o princípio segundo o qual nós podemos dizer "eu tenho que" para explicitar nossa moralidade pessoal, mas não "você tem que" ou "eles têm que", porque assim cria-se a falsa impressão de que existe uma pessoa que sabe qual deve ser a moralidade ou a ética das demais".

4. **Prevalência da crítica** (em detrimento do elogio): quando alguém apresenta ao grupo uma proposta, cujo desenvolvimento exigiu muito tempo e esforço, a primeira resposta que recebe é uma crítica.

   Por que isso acontece? Eis algumas hipóteses:
   - As pessoas acreditam que seu crescimento é mais impulsionado pela crítica do que pelo elogio (as escolas, em geral, seguem essa mesma ideia equivocada).
   - Os participantes descarregam suas tensões por meio da agressividade (a tensão pode decorrer da inveja, da competição, do que se ouviu ou mesmo de razões externas ao grupo).
   - O clima grupal é "agressivo", e esse sentimento torna-se tão contagioso que, em dado momento, todos parecem "prontos para atacar".

5. **Excessiva vagueza** na apresentação de ideias.

   Por que isso acontece? Eis algumas hipóteses:
   - As pessoas acham que a força de uma ideia reside no seu caráter abstrato, e não na sua precisão.
   - Os participantes não costumam ser precisos na sua comunicação cotidiana.
   - Não foram pedidas ideias "concretas" ao grupo.

6. **Imobilidade física:** os participantes permanecem sentados, não saindo de seu lugar durante uma hora e meia ou mais.

    Por que isso acontece? Eis algumas hipóteses:
    - As pessoas pensam que precisam se manter sentadas por um longo período para garantir a concentração e para que a tarefa seja cumprida "efetivamente".
    - Os participantes ficam anestesiados após permanecerem sentados por um longo período e acabam "esquecendo" seu corpo.
    - O grupo não tem acesso a um modelo alternativo que mostre como conduzir uma reunião sem desrespeitar as necessidades corporais vitais.

7. **Dispersividade:** os participantes perdem o foco o tempo todo e introduzem fatos e ideias que não são pertinentes ao tema em questão.

    Por que isso acontece? Eis algumas hipóteses:
    - As pessoas não escutam os demais.
    - Os participantes valorizam suas associações mentais em detrimento das ideias dos outros.
    - Faltam métodos grupais adequados (facilitador, mural) para a manutenção da atenção do grupo.

8. **Excessiva vagueza na proposição de uma ação.**

    Por que isso acontece? Eis algumas hipóteses:
    - As pessoas não refletiram com suficiente clareza quanto aos métodos específicos necessários para a ação proposta.
    - Os participantes sugerem coisas que "os outros devem fazer", sem considerar também o que eles próprios deveriam fazer.
    - O grupo ainda não criou o hábito de fazer as seguintes perguntas essenciais: "Quem fará o quê? Onde? Quando? Como?"

9. **Promessas não cumpridas.**

    Por que isso acontece? Eis algumas hipóteses:
    - As pessoas não levam a sério seu compromisso com o grupo.
    - Os participantes não têm clareza quanto às etapas necessárias para completar sua tarefa.
    - O grupo não criou um método de acompanhamento para certificar-se de que as tarefas serão cumpridas no prazo determinado.

CONCLUSÃO

Em muitas dessas armadilhas à comunicação podemos observar, em primeiro lugar, **intenções equivocadas**; depois, **formas errôneas de expressão**; e, em terceiro lugar, a **falta de regras envolvendo o grupo**. Frequentemente, as armadilhas resultam de uma combinação desses três fatores.

MÉTODOS BÁSICOS DA COMUNICAÇÃO ECOLÓGICA

EVITAR A MONOPOLIZAÇÃO

OBJETIVO Evitar dominar o grupo. Apresentar ideias, bem como os fatos que as sustentam, de maneira clara e sucinta.

EXPLICAÇÃO

Para que todos os membros do grupo possam "cultivar seus recursos", a comunicação ecológica pede que cada um condense a complexidade de suas ideias em poucas frases, que devem ser claras. Quando os "dominantes" tomam a palavra e não deixam que os outros falem, restando, assim, os "receptores", que ficam em silêncio, o grupo vive uma experiência negativa. Torna-se necessário um novo tipo de rigor, especialmente se os participantes tiverem o hábito de "elaborar" seus pensamentos passando de um assunto a outro.

O monopolizador pode oferecer a justificativa de que estaria apenas preenchendo uma lacuna, pelo fato de os outros permanecerem passivos. A resposta a ele poderia ser: "Diga isso a eles, interpelando-os diretamente".

A reação passiva se deve, em geral, ao sentimento de que é preciso lutar para conseguir espaço, acompanhado de uma recusa quanto ao envolvimento nessa competição. Algumas pessoas precisam de um momento de silêncio, de uma pequena pausa antes de se sentir à vontade para falar. Se a discussão atingir um ritmo frenético, com várias pessoas brigando pela oportunidade de falar, o facilitador poderá desacelerá-lo, buscando um ritmo que permita a participação de outros membros do grupo.

O QUE ACONTECE QUANDO HÁ MONOPOLIZAÇÃO?

As pessoas ouvem o dominante de forma receptiva, num primeiro momento; entretanto, logo surge certa inquietação, e os participantes passam a dizer a si mesmos: "Ele gosta de ouvir a própria voz"; "Seria bom se ele fosse logo ao que interessa"; "Será que ele pensa que está sozinho aqui?"; "O que eu estou fazendo aqui? Já perdi todo o interesse!" Ao final da reunião: "Vocês vão voltar na semana que vem?" "Como?! Para ouvir egoístas que só ficam tagarelando? De jeito nenhum!"

ALGUNS MÉTODOS

Não falar demais

Participante: "Como eu já tinha mencionado, há uma série de fatores que devem ser considerados antes que a gente tome uma decisão a respeito desse projeto e o coloque em prática... [Dez minutos depois.] O que eu estou tentando demonstrar é que provavelmente esse projeto interessará a todos. Mas não temos de nos precipitar. Deixem-me dar só mais um exemplo..."

Expor a ideia de forma sucinta

Participante: "Preciso fazer três considerações antes que tomemos uma decisão a respeito desse projeto: a primeira [uma frase]; a segunda [uma frase]; e a terceira [uma frase]. Talvez possamos resolver as três questões, uma de cada vez".

Pedir um feedback

Participante: "Sei que falo muito, e algumas pessoas chegaram a me dizer que tomo muito tempo do grupo. Queria pedir que, quando eu estiver falando demais, alguém me diga algo como: 'Conclua, por favor!', para que eu saiba que está na hora de parar" (feedback).

Usar um cartaz

Se o grupo lhe pedir que faça uma apresentação a respeito de um tema específico ou de um plano de ação que tenha muitas tarefas secundárias, prepare sua apresentação montando um esquema antes da reunião, numa folha grande de papel, que deverá ser afixada na parede (constituindo um cartaz). Isso tornará sua apresentação mais concisa e também ajudará a evitar que o debate fuja do tema.

Respondendo aos monopolizadores

Participante: "Rafael, se puder ser mais sintético teremos tempo para responder ao que você está dizendo!"

Participante: "As questões que você está levantando são muito interessantes, Martim. Seria possível pararmos por aqui, para que possamos discuti-las?"

Participante (confrontando): "Que tal darmos às outras pessoas a chance de expressarem sua opinião?"

OBSERVAÇÃO

Se você tem o hábito de alongar-se e quer mudar isso, pode pedir que as outras pessoas o ajudem.

EVITAR O DOGMATISMO

OBJETIVO Respeitar o "território" dos seus interlocutores. É melhor que as opiniões e ideias fiquem lado a lado, em vez de sobrepostas.

EXPLICAÇÃO

As pessoas preferem ouvir ideias que sejam apresentadas como possibilidades a serem pensadas, e não como verdades que precisam ser "engolidas". Talvez você costume pensar "Eu tenho razão", mas isso não se aplica aos outros, porque cada pessoa também tem a sua razão. Impor ideias gera ressentimento, e impede que um diálogo produtivo e um aprofundamento da reflexão ocorram.

É possível que você concorde com essa "epistemologia" do respeito à individualidade humana. Porém, será que a maneira como você expõe sua opinião é congruente com o princípio que estabelece o respeito ao outro?

Muitos de nós usamos uma linguagem que decorre de uma cultura autoritária, por isso precisamos de um feedback (a reação do outro) – precisamos de algo que nos indique que estamos invadindo o território alheio. O autor deste livro, por exemplo, aprendeu muitas coisas recebendo feedbacks: "Jerome, você está apenas expressando sua opinião ou apresentando uma verdade na qual todos aqui devem acreditar?" A princípio, sentimo-nos ofendidos ao ouvir reações confrontadoras como essa, mas, a longo prazo, podemos usar esses confrontos para empreender uma transformação positiva.

Refira-se a você em vez de se referir aos outros ou usar a forma impessoal

Não diga:

"Você não pode confiar totalmente nos novos membros do grupo".

Diga:

"Eu não confio totalmente nos novos membros do grupo". (Assuma a responsabilidade pelo fato de que se trata de um ponto de vista seu.)

Não diga:
"Todo mundo sabe que vamos precisar de muito tempo, talvez mais de um mês, para levantar os recursos necessários para esse projeto".

Diga:
"Na minha opinião, vamos precisar de muito tempo, talvez mais de um mês, para levantar os recursos necessários para esse projeto".

Não diga:
"Sabe-se que os agricultores nunca vão desistir dos agrotóxicos".

Diga:
"Minha conclusão é que os agricultores nunca vão desistir dos agrotóxicos".

ESCLARECIMENTO

As palavras incidem sobre nosso território psicológico. Se eu comunico minhas opiniões e meus sentimentos dizendo "você", "nós" ou "as pessoas", estou sugerindo que você pensa como eu. Nesse ponto, você pode sentir que eu estou invadindo o seu território psicológico.

Evitar o uso de uma entonação dogmática

A diferença entre diálogo e dogmatismo não decorre apenas das palavras, mas também da "música" por trás das palavras. Este livro deveria vir com um material de áudio, para ajudar o leitor a **ouvir** essa diferença. Caso você não esteja seguro quanto ao tom que tem usado, pergunte a um amigo ou a um membro de seu grupo: "Pareço estar impondo minhas ideias ou criando um diálogo?"

Reagindo a entonações dogmáticas

Participante: "Desculpe, João, mas quando você fala eu tenho a sensação de que você está se esforçando para impor suas ideias. Você acha que eu tenho que concordar com você?"

Participante: "Sinto que por trás de sua proposta há uma potente voz que diz: 'Vocês têm de concordar comigo!' Sua intenção é mesmo essa?"

Participante: "Eu me sinto pressionado quando você fala. Não sei se você tem a intenção de criar essa pressão, mas eu me sinto desconfortável".

Participante (confrontando): "Isso é um diálogo ou é o Sermão da Montanha?"

EVITAR O USO DE JULGAMENTOS RADICAIS

OBJETIVO Tomar consciência da complexidade; não tentar enquadrar a realidade em conceitos limitados, maniqueístas.

Não diga:
"Você está errado" (ao se tratar de julgamentos complexos).
Diga:
"Eu não concordo. Vejo a questão de maneira diferente".

Não diga:
"Seu projeto foi um fracasso total!"
Diga:
"Vamos analisar as consequências. Vejo algumas como desfavoráveis e outras como favoráveis. Na minha opinião, as desfavoráveis superam as favoráveis".

Não diga:
"Essa seria uma péssima escolha!"
Diga:
"Em toda escolha há vantagens e desvantagens. Na sua escolha eu vejo mais desvantagens que vantagens. Vamos fazer uma lista e discuti-las?"

EXPLICAÇÃO

Nós utilizamos determinadas palavras e conceitos que partem da ideia de "oito ou oitenta", isto é, tudo ou nada. Esses julgamentos radicais ou conceitos polarizados estreitam nossa compreensão, além de prejudicar nossa comunicação: "Um de nós dois está certo. Ou é você ou sou eu".
Os conceitos polarizados ou julgamentos radicais limitam nossa compreensão de uma realidade complexa. Em vez de vermos as vantagens e as desvantagens de cada ponto de vista, somos levados a uma competição para saber quem está certo e quem ganhou. Isso poderia satisfazer uma necessidade interior de vencer ou de estar totalmente certo, a qual pode ser atendida nas competições esportivas. Contudo, numa situação grupal complexa esse desejo traz sérias desvantagens:

- acabamos nos envolvendo em uma guerra de palavras;
- deixamos de ouvir uns aos outros;

- passamos a usar nossos argumentos como aríetes;
- tornamo-nos incapazes de proporcionar aos demais satisfação e reconhecimento em relação aos aspectos com os quais estamos de acordo;
- nossa compreensão da realidade complexa fica reduzida.

A síntese

Quando se discutem situações humanas complexas, evite conceitos polarizados (do tipo "ou-ou", constituindo julgamentos radicais):

- bom-mau/ verdadeiro-falso;
- vitória-derrota/ certo-errado;
- sucesso-fracasso/ forte-fraco;
- ganhador-perdedor/ saudável-doente.

A solução

Usar conceitos relativos, como "vantagens" e "desvantagens", citando os fatores que pertencem a cada uma dessas categorias.

Lista de vantagens e desvantagens, em duas colunas

Planejamento: "Vamos fazer uma lista das vantagens e desvantagens do projeto. Isso nos ajudará a determinar se ele realmente é viável".

Feedback: "A comissão que se reuniu com o prefeito já descreveu o que aconteceu. Proponho que façamos uma lista com duas colunas, destacando os pontos fortes e os pontos fracos de nossa abordagem".

TRANSFORMAR EM SUGESTÕES POSITIVAS OS JULGAMENTOS RADICAIS RECEBIDOS

OBJETIVO Não se deixar abater pelas implicações provocativas e negativas dos julgamentos radicais que você possa ter recebido ao apresentar suas ideias. Evitar morder a isca. Ignorar a provocação ou, melhor ainda, usá-la como uma oportunidade para obter mais informações e assim iniciar um diálogo melhor.

EXPLICAÇÃO

Nossa tendência, ao receber um julgamento radical ("Você está errado!"; "Você fez uma péssima escolha!"; "O projeto foi um fracasso total!"), é ficar na defensiva e tentar dar o troco na mesma moeda. Isso é natural, porque a linguagem é contagiosa. Mas essa postura defensiva também nos faz cair numa armadilha; vejamos, a seguir, algumas alternativas a esse comportamento.

Ignorar a isca; focalizar a parte útil da crítica

Crítica radical: "Nossa manifestação no parque foi um fracasso total. Nenhum jornalista apareceu e o público ficou extremamente entediado".

Resposta: "A respeito dos jornalistas, é verdade que os dois que prometeram estar lá não apareceram. Sugiro que discutamos isso com o responsável pelo contato com eles. Quanto à reação do público, creio que seria melhor ouvirmos os comentários de várias pessoas. Alguém conversou com os espectadores e pôde avaliar sua reação?"

Pedir uma sugestão positiva

Participante: "Você disse que nossa declaração na frente do Congresso Nacional foi 'fraca'. Poderia, então, dar um exemplo de como teria sido uma declaração 'forte'?"

Participante: "Você disse que nosso encontro com os jornalistas foi marcado pela incompetência. Somos novatos nessa área e temos muito a aprender, então gostaríamos de saber o que poderíamos ter dito para receber uma avaliação oposta, ou seja, de que demonstramos competência?"

Pedir provas concretas

Participante: "Você disse que a maneira como apresentamos nosso trabalho ao Congresso Nacional foi 'ridícula'. Se você puder dizer exatamente o que você viu ou ouviu que lhe pareceu 'ridículo', talvez possamos utilizar essas observações para fazer um trabalho melhor no próximo ano".

Participante: "Você disse que estava 'totalmente errada' a análise apresentada por nossa comissão a respeito das restrições econômicas que impedem a conversão das fábricas de armamentos em fábricas de bens de consumo. Então eu proponho que usemos essa ideia como ponto de partida para a discussão. Você poderia especificar quais pontos estavam 'totalmente errados', o que estava 'errado' nas estatísticas citadas e quais posições alternativas seriam, para você, 'corretas', considerando também os dados estatísticos por trás delas?"

Comparar prioridades

Participante: "De acordo com meus objetivos prioritários, nós fomos bem-sucedidos. De acordo com os seus, fracassamos. Sugiro que façamos uma comparação de nossas prioridades, para que determinemos os pontos em que estamos de acordo e os pontos de desacordo".

ESCLARECIMENTO

Nos exemplos citados, a intenção das respostas é deixar que a boa vontade prevaleça no relacionamento e evitar os contra-ataques. A seguir será mostrada uma maneira de oferecer seu ponto de vista, caso você prefira ser menos receptivo e mais assertivo no momento em questão, evitando uma resposta pautada por uma linguagem simétrica, ou "olho por olho".

Afirme seu ponto de vista

Participante: "Você disse que nosso projeto 'fracassou totalmente', enquanto eu o avalio como muito bem-sucedido. Acho que os membros da comissão conseguiram uma melhor definição da área-problema; agora nós temos mais autoconfiança, além de sabermos o que precisamos fazer daqui para a frente. O aspecto que fracassou está relacionado ao fato de que outras pessoas não cumpriram suas promessas, mas isso significa que perdemos apenas certo tempo e esforço. O mais importante é que todos nós nos tornamos mais competentes com essa experiência, e estamos mais preparados para as próximas. Quanto ao que fizemos, o que você considera como falha e o que vê como acerto?"

Em determinadas situações do cotidiano (que não envolvem um grupo cooperativo), notamos, ao receber uma crítica, que a pessoa que nos critica é incapaz de construir um diálogo verdadeiro, com base na **troca** de opiniões, por ser mentalmente muito rígida. Nesse caso, uma reação interessante seria **interromper a conversa**.

"Como você está diminuindo tudo que eu fiz por meio de juízos tão absolutos, não imagino que esteja disposto a ouvir meu lado da história. Então acho melhor pararmos de falar sobre esse assunto."

EVITAR AS LIÇÕES DE MORAL. EXPRESSAR AS NECESSIDADES PESSOAIS

OBJETIVO Evitar a armadilha de expressar suas necessidades pessoais indiretamente, por meio de lições de moral. Expresse seus anseios de forma direta.

Não diga:
"Todos os membros do grupo **têm que** participar da manifestação. Quem não comparecer ao evento demonstrará falta de comprometimento".
Diga:
"**Eu gostaria que** todos os membros do grupo participassem da manifestação. No meu entender, essa é a melhor maneira de demonstrar comprometimento em relação ao nosso projeto".

Não diga:
"Todos nós **temos que** considerar o princípio da não violência como o valor mais importante na vida".

Diga:

"**Na minha opinião**, o princípio da não violência é o valor mais importante na vida. Quando outros seguem o mesmo caminho, eu me sinto em comunhão com eles".

Não diga:

"Aqueles que votaram contra o projeto **têm que** reconhecer que estão impedindo o progresso do grupo".

Diga:

"**Eu fiquei frustrado** com aqueles que votaram contra o projeto. No meu modo de entender, o projeto representa uma etapa importante para que nosso grupo progrida".

EXPLICAÇÃO

Quando você diz "você deve", "você deveria" ou "é sua obrigação", está utilizando afirmações moralistas que colocam seu interlocutor numa posição de inferioridade. Talvez isso ocorra por você querer provocar impacto maior do que aquele que obteria com uma afirmação mais pessoal e direta, como "Eu gostaria que você...". No entanto, afirmações moralistas podem criar impacto negativo no ouvinte, que pode sentir que sua condição de adulto foi desrespeitada. Ele poderia pensar: "Ele está me dizendo quais são minhas prioridades morais. Como adulto, eu é que estabeleço minhas prioridades. Quando ele diz 'você tem que', não respeita minha maturidade".

SOLUÇÃO

"Eu gostaria que você..."; "Eu queria que você..."; "Eu preciso que você...".

A Escola de Comunicação de Palo Alto (Califórnia) lembra que "toda comunicação implica um tipo particular de relacionamento". A comunicação ecológica estabelece que você e seu interlocutor são iguais como pessoas.

EVITAR A DISPERSIVIDADE DURANTE A ELABORAÇÃO DE UM PLANO DE AÇÃO

OBJETIVO A complexidade de um plano de ação requer uma disciplina especial e concentração contínua. O excesso de comentários paralelos pode prejudicar, e até mesmo sabotar, esse delicado processo.

Dispersividade grupal durante a elaboração de um boletim informativo

Participante A: "Vamos escrever somente artigos opinativos ou também noticiosos?"
Participante B: "Eu conheço uma gráfica com preços bem acessíveis".
Participante C: "Eu não consigo digitar rápido, mas posso corrigir os artigos. Assim meu diploma da faculdade de Letras pode servir para alguma coisa".
Participante D: "Eu acho que deveríamos, antes de tudo, definir com maior clareza a nossa posição teórica".
Participante E: "Quantos boletins cada um de nós vai receber? Minha família é grande".

ESCLARECIMENTO

A discussão confusa se deve, nesse caso, à falta de um método grupal.

SOLUÇÃO

"Eu preparei um roteiro com as tarefas básicas para a criação do boletim. Darei a cada um uma cópia do projeto provisório. Minha primeira pergunta é: faltou alguma coisa? Caso não tenha faltado nada, eu proponho que a gente comece a discutir os itens do roteiro, um de cada vez. Tudo bem?"

DISPERSIVIDADE DE UM DOS PARTICIPANTES DURANTE UMA DISCUSSÃO ABERTA

OBJETIVO Encontrar um equilíbrio entre a iniciativa individual e o fluxo lógico do grupo.

EXPLICAÇÃO

Não existe um critério único para determinar se uma discussão tornou-se dispersiva ou restritiva demais. Entre "concentração" e "abertura", cada grupo deve encontrar seu próprio equilíbrio.

Reagindo a uma discussão dispersiva

Entretanto, quando a discussão se torna muito dispersiva, o que podemos fazer para que o foco seja retomado?

Retorno ao tema

Participante: "Eu acho que a discussão está tomando outro rumo. Gostaria que nos concentrássemos mais no tema… [especificação do tema]".

Reconhecimento e resposta

Facilitador: "Eu acho que seria interessante experimentarmos um método chamado 'reconhecimento e resposta'. Quando alguém apresentar uma ideia, a próxima pessoa a falar a 'reconhecerá', sintetizando-a, e então dará sua resposta. Isso propiciará uma discussão mais profunda; além disso, quem for 'reconhecido' saberá que foi ouvido".

Manutenção do tema

Facilitador: "Davi, posso fazer um comentário?"
Davi: "Pode".

Facilitador: "Você introduziu a questão da desertificação do Saara, que, como todos nós sabemos, é um problema importante. Mas, neste momento, o tema de nossa discussão é a mudança na situação política da África do Sul. Proponho que nos atenhamos ao tema atual e, em outra ocasião, encontremos tempo para a questão do Saara".

Divagação
Facilitador (mais diretamente): "Eu acho que isso foge ao assunto. Vou repetir o tema...".

ESCLARECIMENTO

Sempre que ocorrem questionamentos quanto ao modo de expressão de uma pessoa – monopolização, dogmatismo, abstração exagerada, dispersividade etc. –, podem surgir sentimentos de mágoa.

Discutindo mágoas e mal-entendidos durante o intervalo
Participante (dirigindo-se a outro, durante o intervalo): "Quando eu disse que sentia que você estava impondo suas ideias, eu não quis dizer que você estava fazendo isso intencionalmente. Mas quando você disse: 'É ridículo você achar que esse projeto vai funcionar!', eu me senti atacado. Eu não vejo isso como ridículo, já que eu acredito que o projeto vai dar certo. Tenho de reconhecer que ainda não tínhamos considerado as dificuldades que você apontou, e fico grato por isso. De qualquer forma, foi a palavra 'ridículo' que me fez pensar que você está tentando impor suas ideias".

DAR DESTAQUE ÀS SUGESTÕES POSITIVAS

OBJETIVO Tentar melhorar a situação fazendo sugestões positivas em vez de críticas negativas.

EXPLICAÇÃO

Enfatize o que poderá ser "positivo" no futuro em lugar de destacar o que foi "negativo" no passado.

Não diga:
"Não gostei quando você fez..." (ação criticada).

Diga:
"Gostaria que você fizesse mais..." (ação positiva potencial).

Evitar uma postura constantemente negativa

Problema: uma linguagem excessivamente negativa evita a responsabilidade de criar o potencial positivo.

Solução: ofereça uma sugestão positiva. Isso proporcionará à discussão uma força positiva e demonstrará seu real desejo de encontrar uma solução global.

EXPLICAÇÃO

Todos nós fomos criados segundo uma cultura autoritária que prega, equivocadamente, que a primeira coisa da qual uma criança precisa é que seus erros sejam corrigidos. Num mundo como esse, "crescer por meio da crítica" torna-se o mote das salas de aula, e as crianças começam a sentir medo de ser espontâneas e cometer erros. A comunicação ecológica inverte o sentido desse conceito: "cultive os brotos e os bulbos, nutrindo-os e cuidando deles; não os pode antes da hora".

A tradição: "Seu trabalho está medíocre e ilegível".

A comunicação ecológica: "Suas ideias mostraram muita imaginação [valorização da parte positiva]. O que você pode melhorar é sua capacidade de escrever de forma gramaticalmente correta. Também seria importante escrever com letra mais legível, para que seja prazeroso ler suas palavras" (ênfase no potencial positivo).

MANTER-SE POSITIVO, SEMPRE

OBJETIVO Às vezes desejamos nos comunicar sem usar nenhuma frase negativa. Toda informação que pretendermos oferecer por meio de uma crítica, ou da correção de um erro, poderá ser fornecida de modo a refletir seu potencial positivo.

Exemplos da vida diária

Negativos:
"Você é um desajeitado!"
"Não seja egoísta!"
"Você nunca pensa antes de fazer as coisas, por isso causa tanta confusão!"

Positivos:
"Tome cuidado!"
"Sei que você pode ser mais generoso."
"Você pode refletir sobre isso antes, assim será mais fácil atingir o seu objetivo."

ESCLARECIMENTO

A linguagem pode ser hipnótica. Se você disser a uma criança que está correndo: "Você vai cair!", logicamente com a intenção de evitar que ela caia, você estará apresentando à criança a ideia de cair. Nosso inconsciente muitas vezes obedece ao sentido literal das palavras, o que torna mais provável que o que foi dito aconteça de fato.

Uma alternativa seria dizer: "Não caia!" Entretanto, ainda assim você estaria introduzindo a ideia de cair. A mente consciente ouve o "não", mas a mente inconsciente ouve apenas a palavra "caia". Há aqueles que acreditam que os termos negativos não existem no inconsciente.

Linguagem negativa

Linguagem positiva

A melhor opção seria uma frase que destacasse o positivo, o potencial positivo; algo como: "Fique firme!"

Exemplos extraídos do convívio de um grupo pela transformação social

Potencial negativo:
"Não gostei do que você disse."
"Este grupo não funciona."
"Nós nunca conseguimos terminar as reuniões na hora."

Potencial positivo:
"Eu gostaria que você me apresentasse mais fatos, para que fundamentem esse seu ponto de vista contrário."
"Sei que podemos ser mais eficientes."
"Eu gostaria que terminássemos na hora."

DINAMIZAR COM O NEGATIVO E CONSTRUIR COM O POSITIVO

OBJETIVO Uma frase negativa pode dinamizar uma situação, desde que seja clara e breve. Mas, logo em seguida, devem-se acrescentar frases positivas.

Introduções negativas:

"Eu acho que nossa primeira reivindicação não deveria ser a de filtros para as chaminés poluentes" (frase clara, breve, dinâmica).

"Eu acredito que não deveríamos publicar um documento de doze páginas a respeito do problema. Acho que as pessoas não vão lê-lo" (frase clara, breve, dinâmica).

"Eu acho que não deveríamos usar um artigo de três colunas só para criticar a administração da cidade e sua negligência" (frase clara, breve, dinâmica).

A negatividade cava um buraco.

Conclusões positivas:

"Eu acho que primeiro deveríamos pedir melhores aparelhos de monitoramento da poluição e que seu uso seja ampliado, para que mostrem como o ar da cidade está poluído" (solução positiva).

"Proponho que sintetizemos o documento em meia página, deixando apenas os fatos essenciais, acrescentando ilustrações que causem impacto. Acho que isso seria mais eficiente para chamar a atenção das pessoas" (solução positiva).

"Acho que poderíamos utilizar uma parte desse espaço para relacionar os vereadores que votaram a favor das medidas que propusemos, a fim de dar-lhes apoio" (solução positiva).

A positividade planta uma árvore.

EVITAR AGRESSÕES VERBAIS

OBJETIVO Quando você agride verbalmente, descarrega sua tensão emocional, mas reduz a autoestima do seu interlocutor, prejudicando o relacionamento.

EXPLICAÇÃO

As agressões verbais prejudicam a relação e não trazem informações úteis. Ao ressaltar os "fatos", explicitando qual atuação em particular foi insatisfatória e fazendo sugestões que visem ao futuro, você pode direcionar seus sentimentos de tensão para canais positivos.

Não diga:
"Você é um idiota!"
Diga:
"Eu não concordo com seu posicionamento".

Não diga:
"Você não serve para nada, nunca vai ser útil para o grupo".
Diga:
"Você tem potencial para ser ainda mais útil para o nosso grupo. Eu gostaria que pudéssemos ver os benefícios desse potencial".

VER AS COISAS POR VÁRIOS ÂNGULOS, EM VEZ DE POR UM SÓ

OBJETIVO Tirar proveito da riqueza do pensamento multilateral e evitar a estreiteza do pensamento unilateral.

EXPLICAÇÃO

O pensamento unilateral limita nossa compreensão de realidades complexas. Quando, pelo contrário, observamos as coisas por vários ângulos, nossa visão é expandida, e nos tornamos mais compreensivos e tolerantes no que diz respeito aos pontos de vista divergentes. O pensamento unilateral gera conflitos, mesmo que as pessoas tenham a mesma visão global. Já o pensamento multilateral permite que nossas ideias fiquem lado a lado com as dos demais, para que trabalhemos juntos em prol do mesmo objetivo.

Pensamento unilateral:

"Essa é a única conclusão possível!"

Pensamento multilateral:

"Eu apresentei uma perspectiva, e sei que os demais podem oferecer outras."
"Proponho que organizemos um debate público" (apresentação dos motivos).

Objeção: "Se, durante esse projeto, nos precipitarmos e falharmos, ou seja, se não atrairmos novos membros, todo o nosso trabalho terá sido uma total perda de tempo".

Objeção: "Não acho que devemos iniciar esse projeto imediatamente. Creio que não estamos prontos, ainda não sabemos como conduzir um debate de forma que possamos atrair novos participantes".

Resposta unilateral: "Você gosta de criar obstáculos".

Resposta multilateral: "Mesmo que não tenhamos atraído novos participantes, nosso trabalho ficou mais conhecido e pudemos aprender mais sobre a realização desse tipo de reunião pública, experiência que será muito útil no futuro. Além disso, podemos perguntar às pessoas com as quais entramos em contato e que se recusaram a vir quais foram os motivos para essa recusa; no caso dos que vieram e declararam não querer voltar, podemos indagá-los quanto às razões que os levaram a tal decisão. Em outras palavras, podemos estabelecer estratégias para que possamos aprender com nossos erros. Não precisamos de total êxito em nossa primeira tentativa".

Objeção: "Eu concordo que podemos aprender com nossos erros. No entanto, proponho que pensemos em outro projeto, com maior probabilidade de sermos bem-sucedidos, considerando o tempo que teremos de investir".

OBSERVAÇÃO

O pensamento unilateral corresponde à construção de um muro. Quando houver discordância, o outro vai topar com o seu muro e criar o dele. Dessa forma, em vez de desenvolver um diálogo que mapeie um terreno complexo, esse tipo de pensamento cria barreiras e conflitos.

O pensamento multilateral, por sua vez, considera "vantagens e desvantagens", "ganhos e perdas", "mais e menos". Não há a necessidade de chegar a um acordo final, e é muito comum que não se chegue. Isso porque cada pessoa dispõe os fatos, números e argumentos de acordo com suas prioridades, sendo que essas prioridades não são "objetivas", mas produto de nossas escolhas pessoais e de nossa individualidade singular.

Muitas pessoas podem considerar essas noções estranhas. Vão perguntar: "Por que discutir, se o objetivo não é chegar a um acordo nem descobrir quem está certo?"

Eis algumas razões:

a) Nós discutimos para nos encontrarmos e nos conhecermos.
b) Discutimos para deixar mais claras nossas ideias e ordenar nossas manifestações, de modo que possamos conhecer melhor a nós mesmos, nossos pensamentos e nossas noções.
c) Mesmo que não se chegue a um acordo, nossa compreensão se amplia quando prestamos atenção em outras pessoas.
d) Um bom diálogo sempre é estimulante.

A lógica limitada

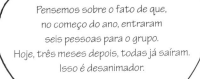

"Pensemos sobre o fato de que, no começo do ano, entraram seis pessoas para o grupo. Hoje, três meses depois, todas já saíram. Isso é desanimador."

"É fácil de entender, pois nenhuma delas era realmente séria, nenhuma delas tinha motivos profundos."

"Desculpe, mas eu não concordo. Tenho a impressão de que esse é um 'pensamento unicausal'. É muito limitado para explicar o que realmente aconteceu..."

Pensamento multicausal
50 minutos depois...

"Analisemos os resultados da nossa discussão. Acredito que estamos chegando perto da compreensão da realidade."

"Parece que agora estamos sendo mais realistas."

"Reconhecer 'nossos limites' nos estimula a fazer mudanças positivas."

Seis pessoas deixaram o grupo. Por quê?	
Limites dos desertores	Nossos limites
Felipe: Teve problemas familiares.	• Logo no começo não demos chance de todos falarem.
Mona: Precisava de tempo para terminar sua dissertação de mestrado.	• Estabelecemos contatos telefônicos com apenas dois deles.
Carlos: Queria um grupo mais radical (ativo).	• Nosso grupo dominou a discussão. Não fizemos esforço suficiente para incluir as pessoas novas.
Bóris: Esperava encontrar um clube social.	• Às vezes nossas reuniões são lentas e monótonas.
Teresa: Não sabemos o que aconteceu. Vamos entrar em contato com ela.	• Ficamos sentados o tempo todo. Não há clima de vitalidade.
Antonio: Mora muito longe.	• Nós não criamos novas tarefas nem novos métodos para que os membros recentes possam ter papel ativo.

No caso de um diálogo que envolva o desejo de criar uma ação comum, apesar das diferenças de opinião, aqui vão algumas dicas:

a) Para a criação de uma ação comum, não é preciso que todos concordem em tudo. Precisamos estar de acordo apenas quanto ao fato de que a ação e suas principais consequências podem ser benéficas.
b) Se dialogarmos de forma respeitosa, mesmo em desacordo, é muito provável que consigamos agir cooperativamente. Se nosso diálogo for marcado por dogmatismo, superioridade ou agressões verbais, provavelmente a cooperação não acontecerá.

UTILIZAR O PENSAMENTO INTERACIONAL EM VEZ DE CAUSAL UNIDIRECIONAL

OBJETIVO Tomar consciência de que as relações humanas em geral se desenvolvem por meio da interação de várias causas, e não devido a uma causa unidirecional, ou seja, um simples "A causa B". Devemos atentar para essa realidade.

ESCLARECIMENTO

As pessoas são mais inteligentes do que bolas de bilhar. No bilhar, uma bola atinge a outra e faz que esta se movimente. Essa é a lógica da causalidade de mão única. A própria linguagem nos leva a pensar dessa maneira: o sujeito atinge o objeto de alguma forma, ou seja, sujeito-verbo-objeto. Parece simples. Mas quando se trata de emoções intensas, se mantivermos esse pensamento simplista teremos como resultado ideias como: "Eles são nossos inimigos. Vamos atacá-los, senão eles vão nos destruir!" As multidões frequentemente adotam esse tipo de postura, e a lógica das bolas de bilhar favorece emoções como a raiva, o sentimento de vingança, a intolerância e a indignação.

O pensamento interacional torna difícil a manutenção de nossa presunção e superioridade, e a vingança fica fora de questão. "Eles de fato se opõem a nós. Mas consideremos as bases que instalamos em torno de seu território; os numerosos pactos que nós mesmos quebramos; as ameaças feitas e os estereótipos negativos a respeito deles que nós temos difundido em nossa imprensa; ou, ainda, a maneira como nós ganhamos dinheiro, equipando-os com mísseis e com armas químicas e bacteriológicas, as quais, agora, consideramos 'desumanas', já que eles estão prontos para utilizá-las."

Objeção:
"Você está dizendo que eles estão certos e que nós estamos errados?"

Resposta:
"Claro que não! Os conceitos de 'certo' e 'errado' decorrem de uma lógica causal unidirecional".

Objeção:
"Mas nós não aprendemos que Deus é bom e que o Diabo é mau?"

Resposta:
"Infelizmente, sim. E esse aspecto da crença religiosa certamente não ajudou em nada. Tampouco foram úteis as guerras religiosas e as cruzadas "justas". Ao começarmos a discutir, sempre vale lembrar que ambas as partes afirmam: 'Deus está do meu lado!'"

"Por que em nossas reuniões não aparecem mais pessoas?"

Pensamento causal unidirecional:
"Esse pessoal não está nem aí. São seres egoístas e ignorantes. Só querem pegar seu carro importado, ir para casa e ver televisão".

Pensamento interacional:
"Muitos sabem da existência dessa questão. Conversei com várias pessoas do meu círculo social e muitas delas repetem o que nós costumamos falar. É verdade que elas não são ativistas como nós, apresentam certa inércia. Mas talvez o problema seja o fato de não sabermos como atraí-las para nossas reuniões. Quando finalmente aparece alguém, não retorna mais. É provável que precisemos modificar nossa abordagem".

"Eles abusaram do seu poder ou nossas iniciativas é que foram inadequadas?"

Pensamento causal unidirecional:
"Na última vez em que tentamos colaborar com aquele grupo, os delegados deles dominaram a tribuna e não deixaram quase nenhum espaço para nós".

Pensamento interacional:
"Fiz uma lista das queixas que levantamos em nossa última reunião e telefonei para o coordenador do outro grupo. Quanto a não ter havido espaço

suficiente, ele ponderou que nos tinham pedido que enviássemos um delegado para a reunião de planejamento, com propostas concretas em relação às falas. Eu me lembro dessa carta: nós a recebemos num momento de crise por outros motivos, então nem chegamos a discuti-la. Não enviamos o delegado; e eles, ainda assim, decidiram oferecer-nos espaço para que pudéssemos falar".

OBSERVAÇÃO

Eis uma bela máxima: "Toda história tem dois lados".

ANALISAR OS DIFERENTES NÍVEIS DE UMA SITUAÇÃO

OBJETIVO   Tomar consciência de que a complexa realidade humana envolve numerosos níveis de causalidade. Para uma situação complexa, não existe uma "única causa fundamental".

EXPLICAÇÃO

O pensamento tradicional cria discussões inúteis. Os eventos sociais mais importantes se devem a "forças econômicas subjacentes" ou à "superestrutura do sistema de crenças"? A nova epistemologia, chamada "teoria dos sistemas", nos ajuda a superar essas controvérsias, que nos fazem perder tempo e distorcem a realidade. Todos os níveis contribuem para a causalidade e todos eles são influenciados (graças ao processo de feedback) pelas consequências. Assim, não faz sentido perguntar "qual" destas razões – sistema de valores; estratégia de vida; emoções; potencial fisiológico – determina as ações de um ser humano. Todos esses fatores contribuem para a definição do comportamento de uma pessoa. Algumas vezes, um ou outro nível parecerá dominante. Isso significa apenas que estamos dando mais atenção a determinado nível, talvez porque esteja mudando mais do que outros – mas, mesmo nesse caso, todos os níveis permanecem ativos.

Análise de um único nível em um caso de especulação imobiliária

"Os especuladores imobiliários destruíram a paisagem. A culpa é do governo, que aceita subornos."

"Nada disso! A área poderia continuar ilesa se os responsáveis por ela fossem pessoas da comunidade."

"Mas como elas poderiam protegê-la? O jornal local está nas mãos do governo e, com certeza, não vai noticiar o que está acontecendo."

"Isso não tem nada a ver com a questão! Enquanto as pessoas continuarem sentadas na frente da televisão, nada vai mudar."

"Você está completamente errado! O problema começou na escola. Ninguém aprendeu a pensar ou a tomar iniciativa. Só o que foi ensinado foi a obediência passiva."

Análise de múltiplos níveis

Todos esses argumentos estão corretos, e cada um se reporta a um nível diferente.

Questão: "Qual nível é o mais verdadeiro?"

Resposta: "Acho que é impossível responder a essa questão. Mas podemos levantar outra questão relevante: tendo em vista esse sistema complexo, em que nível devemos intervir? E como?"

OBSERVAÇÃO

Ao estudarmos a interação entre os vários níveis, poderemos fazer uma análise mais completa. Por exemplo, pode-se estudar a relação entre a falta de iniciativa da comunidade e a tendência mundial que leva os órgãos da imprensa a se concentrarem nas mãos de poucos empresários. Mas essa análise complexa requer uma atmosfera reflexiva, sem que se trave uma guerra com o intuito de descobrir quem tem razão. É necessário que haja entre os participantes um clima de colaboração, para que possam construir um retrato complexo da realidade.

UTILIZAR O CORPO PARA OBTER RELAXAMENTO, CONTATOS POSITIVOS E CONCENTRAÇÃO PROLONGADA

OBJETIVO   Nosso corpo nos oferece energia contínua. Podemos utilizá-lo, de modo simples, para diminuir a tensão, estabelecer contatos e manter o bem-estar.

EXPLICAÇÃO

Nossa cultura é excessivamente verbal, o que nos leva a perder contato com nossas raízes, ou seja, com nossa presença física. Existem maneiras muito simples de restabelecer essa presença.

No começo da reunião

Participante (ou FACILITADOR): "Podemos começar a reunião formando um círculo? Vamos dar as mãos e respirar profundamente três vezes" (podem-se acrescentar outros exercícios, se o grupo assim o desejar).

Presença física durante a discussão

Facilitador: "Em vez de nos sentarmos imediatamente, vamos ficar em pé por um tempinho, enquanto nos cumprimentamos e discutimos a pauta".

Revigoramento no decorrer de uma reunião prolongada

Participante: "Podemos dar uma pausa de cinco minutos para uma massagem?" (cada membro do grupo massageia levemente as costas de um companheiro, e os papéis são alternados na sequência).

Participante: "Eu preciso me movimentar. Podemos fazer isso juntos?" (o grupo cria movimentos rítmicos que revitalizam o clima e produzem relaxamento).

Falar e fazer contato

"Enquanto continuamos a reunião, podemos compartilhar uma massagem de ombros: a pessoa de trás massageará a da frente. Isso não tirará nossa concentração, e sim a facilitará."

Ao final da reunião

"Vamos nos despedir de um jeito dinâmico!" (movimentos variados, dança, brincadeiras, abraços).

ESCLARECIMENTO

As pessoas trazem suas tensões para a reunião. Um breve aquecimento pode dissipá-las e criar um clima agradável. Quando o corpo está aquecido, o pensamento se torna mais agudo e espontâneo. Vale lembrar que o contato não é só verbal, mas também visual e tátil, e que utilizar todo o nosso potencial é um preceito ecológico. Uma reunião prolongada pode tornar-se negativa quando o corpo fica anestesiado. Se abastecermos as fontes de energia de nosso corpo, os contatos e os projetos se tornarão mais positivos. O cansaço ao final de uma reunião demorada se deve, em geral, à falta de ação corpórea (o mesmo acontece depois de um longo dia de trabalho no escritório). Precisamos mudar nossa cultura no que diz respeito à energia corporal.

USANDO O MURAL

OBJETIVO Ajudar o grupo a se concentrar no tema, a organizar o debate, tendo em vista os pontos divergentes, a lidar com a complexidade e a criar um registro que possa ser utilizado em reuniões subsequentes.

EXPLICAÇÃO

Esse simples instrumento foi esquecido por muitos. Isso pode ter acontecido justamente por sua simplicidade, ou, quem sabe, como ocorre quando temos de fazer anotações, pela angústia e pelo sentimento negativo provocados por sua associação com a sala de aula. Apesar disso, as pessoas que passaram a usar o mural consistentemente testemunham que seu uso correto pode incrementar a qualidade das reuniões.

Colocar o conteúdo no mural antes de a reunião começar

Facilitador: "Alguém poderia se encarregar de afixar no mural as folhas com a pauta do dia, antes do começo de cada reunião?"

Participante: "Eu posso".

Resposta: "Obrigado".

Dar foco à discussão

Facilitador: "Enquanto o secretário faz suas anotações, eu gostaria que alguém escrevesse nas folhas do mural as principais frases e palavras-chave da discussão, para que nos ajudem a manter o foco".

Oferecer uma memória imediata

Participante: "O Martim levantou três pontos importantes. Podemos inseri-los no mural e discutir cada um deles?"

Preparar a apresentação

Facilitador: "Davi, tendo em vista que na próxima reunião você vai apresentar sua pesquisa sobre os radicais livres presentes em determinados alimentos e seus efeitos sobre o metabolismo, você poderia preparar, antes da sua exposição, um cartaz com os pontos principais? Isso facilitaria o acompanhamento da apresentação e permitiria que a discussão posterior fosse mais orgânica".

Elaborar um plano de ação

Nosso projeto requer que coordenemos um bom número de subtarefas. Precisamos determinar: quem fará o quê; os prazos-limite para cada atividade; quem fará o acompanhamento para garantir que as atividades sejam completadas.

Criar uma memória

Participante: "Como a discussão foi frutífera e nós decidimos revisitar o tema no próximo encontro, proponho que guardemos as folhas que foram afixadas ao mural para que as utilizemos novamente na semana que vem".
Resposta: "Vou chegar dez minutos mais cedo para afixá-las no mural antes do início da reunião".
Outro participante: "Obrigado".

FAZENDO CRÍTICAS CONSTRUTIVAS

AS CINCO DIRETRIZES

- Peça permissão.
- Faça observações concretas.
- Descreva seus sentimentos.
- Dê sugestões para o futuro.
- Explique as razões de suas sugestões.

PEÇA PERMISSÃO

OBJETIVO Criar o cenário para a dinâmica especial desencadeada por uma crítica. Antes de qualquer coisa, peça permissão: assim, você mostrará que não pretende ofender ninguém, e sim fazer uma comunicação respeitosa.

EXPLICAÇÃO

Todos nós somos vulneráveis aos sentimentos de mágoa que uma crítica pode provocar, mesmo quando sabemos que foi feita com boas intenções. Ao pedir permissão, você compartilha o controle sobre os rumos da conversação. Se a outra pessoa concordar em ouvi-lo, ela terá tido a oportunidade de se preparar para receber a crítica sem se sentir humilhada. Se a pessoa se negar a escutá-lo e o "não" for respeitado, ao menos a questão da crítica terá sido levantada e chamará a atenção do outro – sem que seus limites sejam desrespeitados.

"Posso falar de um problema?"

"Eu poderia levantar uma questão?"

"Há muitas coisas que me agradam. Ao mesmo tempo, algumas mudanças, pelo menos do meu ponto de vista, seriam bem-vindas. Podemos falar sobre isso?"

"Tenho uma opinião/observação. Gostaria de falar sobre ela. Podemos discuti-la?"

Se a resposta for afirmativa, você poderá prosseguir, oferecendo uma crítica construtiva.

Se a resposta for negativa, você deverá respeitar o limite apresentado: "Tudo bem".

Também poderá, se quiser, propor um adiamento: "Em outro momento seria possível?"

ESCLARECIMENTO

Será que esse tipo de postura provoca a sensação de sempre estar pisando em ovos? Isso dependerá da pessoa com quem você estiver falando e do seu estado de espírito. Se a pessoa se irritar com sua prudência e disser algo como: "Pare de enrolar e fale logo", você terá sinal verde para ser direto. Mas se a pessoa mostrar hesitação, mesmo que tenha aceitado ouvir o que você tem a dizer, será preciso escolher as palavras com cuidado. Essa escolha de palavras adequadas, aliás, é um dos fundamentos da crítica construtiva.

OBSERVAÇÃO

As pessoas que se conhecem bem – amigos, casais, membros da família, parceiros de negócios, participantes de um grupo – desenvolvem rapidamente o hábito de trocar críticas. Para que o método exposto anteriormente funcione, no entanto, é preciso que o hábito estabelecido esteja em harmonia com as necessidades psicológicas de ambas as partes. Caso contrário, as iniciativas da pessoa mais agressiva nem sempre se harmonizariam com as necessidades da outra pessoa, e, desse modo, a crítica provocaria mais ressentimentos do que avanços.

FAÇA OBSERVAÇÕES CONCRETAS

OBJETIVO Quando você oferece detalhes concretos a respeito do que a pessoa disse ou fez, ela pode detectar exatamente qual comportamento o incomodou. Isso evita a ambiguidade.

EXPLICAÇÃO

Essa etapa exige rigor mental. Quando estamos aborrecidos, a frustração ou a dor turvam nossa consciência e temos, muitas vezes, dificuldade para identificar o que especificamente provocou nossa reação.

Não diga:
"Você é um tratante!" (insulto).
Diga:
"Fico irritado quando você..." (descreva o ato, gesto ou frase com termos precisos).

Não diga:
"Você é um hipócrita!"
Diga:
"Na última reunião, você se comprometeu, junto com outros membros do grupo, a participar da manifestação em defesa da não violência no sábado, às nove da manhã. Só que você não apareceu e não ligou para ninguém para explicar o que aconteceu" (acontecimento-chave descrito).

Não diga:
"Você tem sede de poder e está nos usando!" (afirmação preconceituosa quanto à motivação, além de não descrever a ação).
Diga:
"Sua comissão pediu mais verba do que as outras. Depois de receberem o dinheiro, vocês não compareceram às quatro reuniões seguintes. Vocês sabem que é necessário fazer uma prestação de contas, mas isso não foi feito até agora" (citação precisa da questão paralela, que foi apresentada junto da questão-chave).

Não diga:
"Você está tentando utilizar a discussão para nos manipular!" (interpretação sem nenhuma referência a um comportamento preciso).
Diga:
"Essa foi a terceira vez, esta noite, que você fez um longo discurso ideológico sobre o Terceiro Mundo sem citar nenhum fato em particular, nenhuma referência, enquanto nós estamos tentando estabelecer um projeto bem con-

creto, tratando especificamente da questão dos produtos do Terceiro Mundo que foram aviltados por conta dos monopólios corporativos".

ESCLARECIMENTO

Pode ser difícil, inicialmente, dar conta do esforço mental requerido para que possamos definir as palavras ou os gestos específicos que nos incomodaram. Em muitos casos, podem ser necessárias várias tentativas antes de conseguirmos identificar o problema exato.

DESCREVA SEUS SENTIMENTOS

OBJETIVO Ao explicitar seus sentimentos, você demonstra estar pessoalmente envolvido. Seus sentimentos negativos, quando expressos sem que você julgue o outro, não reduzem a autoestima do seu interlocutor, mas refletem o impacto do comportamento dele em você.

Não diga:
"Eu acho que você ri de nós pelas costas. Você deve pensar que nós somos muito burros" (não se trata, aqui, de um **sentimento**, mas de uma **interpretação**).

Diga:
"Quando você diz uma coisa e faz outra [dê detalhes], eu me sinto frustrado e irritado" (descrição de sentimentos).

Não diga:
"Quando você fala parece estar tentando fazer uma lavagem cerebral coletiva" (interpretação da motivação, sem a apresentação dos detalhes relativos àquilo que realmente foi dito).

Diga:
"Quando você fala apaixonadamente sobre nossa dívida para com o mundo, pelo fato de vivermos numa sociedade exploradora, eu me sinto oprimido. É como se você estivesse esperando que eu sentisse culpa por algo que não fiz. Fico incomodado pois tenho a impressão de que você acha que todos nós deveríamos sentir o que você está sentindo" (descrição precisa do tom e do conteúdo da fala opressiva, portanto, do seu impacto).

EXPLICAÇÃO

Se você julgar ou rebaixar seu interlocutor, não se surpreenda caso a pessoa fique aborrecida, proteste e, até mesmo, procure se vingar. Julgar ou insultar é o mesmo que se colocar numa posição de superioridade.

Por outro lado, ao descrever seus sentimentos você está se colocando em pé de igualdade com o outro. Demonstra que o conflito não tem que ver com a superioridade de um ou de outro, mas com o fato de que cada um tem diferentes necessidades.

Ao revelar seus sentimentos você se expõe. Corre o risco de se machucar, mas, ao mesmo tempo, mostra à pessoa com quem está falando que você está tentando construir uma ponte de diálogo.

Finalmente, ao descrever seus sentimentos você permite que o outro conheça o exato impacto que o comportamento dele tem em você. Por que essa informação é essencial? Porque é difícil entender por que algo deu errado, já que em geral acreditamos estar fazendo a coisa certa. Quando as pessoas nos oferecem um retorno claro, podemos utilizar essas informações para um novo aprendizado.

DÊ SUGESTÕES PARA O FUTURO

OBJETIVO Apresentar suas sugestões de modo a deixar claro quais são as mudanças desejadas. Enquanto as duas primeiras diretrizes se referem àquilo que você quer que o outro deixe de fazer e às razões para isso, o ato de dar sugestões se relaciona com aquilo que você quer que o outro comece a fazer.

EXPLICAÇÃO

Não basta dizer o que você quer apenas descrevendo seus sentimentos íntimos – "eu quero me sentir bem", "eu quero ficar mais próximo de você", "eu quero me sentir seguro" etc. Você também precisa especificar o que gostaria que os outros fizessem, ou seja, dar sugestões. Se você não oferecer uma proposta clara, o receptor da crítica ficará perdido quanto às ações que deveria empreender para melhorar a situação.

"Eu gostaria que você...".

"O que eu sugiro que você faça na próxima vez em que se encontrar nessa situação é...".

"O que eu estou pedindo que você faça em outras oportunidades é...".

Amigos

"Eu gostaria de pedir que você me telefone sempre que estiver atrasado para um compromisso nosso."

Casal

"Eu quero que você me avise quando não estiver a fim de fazer amor para que, depois, não fique de mau humor."

Negócios

"Eu gostaria de ser consultado na próxima vez em que decisões importantes, que tenham a ver com a minha área, precisem ser tomadas."

Sindicatos

"Eu quero pedir à comissão executiva que apresente seus relatórios de forma breve, para que tenhamos tempo suficiente para a discussão após a apresentação."

Clube

"Eu gostaria que o clube começasse a se interessar por problemas da nossa comunidade."

Escola

"Como estudante, eu gostaria de ter o direito de participar da formulação do programa educacional que sou obrigado a seguir."

Hospital

"Eu gostaria que os médicos escutassem o que os enfermeiros têm a dizer, tanto no que diz respeito à medicação quanto a outros tratamentos prescritos."

Família

"Vocês dizem que eu ainda não tenho idade para passar a noite na casa dos meus amigos, mas eu gostaria que vocês discutissem essa decisão comigo. Gostaria que vocês me ouvissem da mesma forma que eu ouço vocês."

Grupo

"Proponho que a gente inclua na pauta a questão: 'Como podemos melhorar nossa comunicação?'"

ESCLARECIMENTO

Por que dar sugestões é algo tão difícil para nós?
Em primeiro lugar, porque em geral nossas ideias se apresentam de forma confusa. Sabemos muito bem o que não queremos, mas não o que queremos. Em segundo lugar, porque algumas pessoas consideram que declarar o que queremos é uma atitude "egoísta". Alguém me contou que, quando criança, sempre que dizia "eu quero" era abruptamente interrompido, tendo de escutar repetidas vezes a frase: "Somente o rei pode dizer o que ele quer". As diretrizes da crítica construtiva pregam o contrário: cabe a você a responsabilidade de dizer o que você quer. A cooperação só funciona quando cada pessoa diz claramente qual é sua proposta. Após essa etapa, inicia-se a discussão de soluções intermediárias.

EXPLIQUE AS RAZÕES DE SUAS SUGESTÕES

OBJETIVO Mostrar por que a sugestão é importante, após ter sido explicitada. O objetivo dessa ação é evidenciar as razões que embasam seu ponto de vista, além de proporcionar uma empatia mais profunda entre você e seu interlocutor. Desse modo, torna-se clara a natureza cooperativa dessa relação.

"Eu proponho que... [sugestão] porque... [razões]".

A cadência do diálogo

"Eu proponho que todos os falantes tentem levar em conta o ritmo do grupo, já que em todas as ocasiões em que isso aconteceu nosso trabalho fluiu de forma mais suave e, até mesmo, elegante."

As informações no mural

"Proponho que um resumo de cada relatório da comissão seja colocado no mural com antecedência. Assim, o relato poderá ser ilustrado de forma mais dinâmica e os pontos essenciais serão fixados com mais facilidade."

A escuta real da nova geração

"Proponho que perguntemos aos novos membros que estiveram presentes nas três últimas reuniões se eles sentem uma abertura suficiente, de nossa parte, em relação às suas ideias. Precisamos garantir que as pessoas se interessem por nosso trabalho e optem por permanecer no grupo e nos ajudar; para que isso aconteça, devemos ser sensíveis às suas opiniões."

ESCLARECIMENTO

Ao explicar por que está dando uma sugestão, você expõe sua motivação e suas metas. O ouvinte pode concordar com o seu ponto de vista, reforçando, assim, a base cooperativa entre vocês. Além disso, você evitará o terreno que foi alvo do bombardeamento das críticas negativas.

SÍNTESE DAS CINCO DIRETRIZES DA CRÍTICA CONSTRUTIVA

"Posso fazer uma crítica construtiva?" (pedir permissão).

"Quando você... [observação], eu sinto... [emoção]. Proponho que faça... [sugestão], porque... [razão]."

CRÍTICA CONSTRUTIVA: UMA ABORDAGEM "TOTALMENTE POSITIVA"

OBJETIVO Evitar introduzir qualquer tipo de linguagem negativa no diálogo quando se faz uma crítica construtiva. Isso aumentará a probabilidade de obtenção de um resultado positivo.

EXPLICAÇÃO

Considerando-se as cinco diretrizes da crítica construtiva, a segunda e a terceira definem o problema em termos negativos: a segunda sugere que o problema seja descrito de forma concreta; a terceira sugere que os sentimentos provocados pelo problema sejam relatados.

Para algumas pessoas, essas informações são essenciais. Outras, entretanto, afirmam que isso pode nos prender aos eventos negativos do passado. Se pularmos essas duas etapas e permanecermos com as três diretrizes positivas, estaremos nos encaminhando para um futuro positivo.

Pessoa que toma a palavra: "Posso dar uma sugestão?"

Interlocutor: "Pois não".

Pessoa que toma a palavra: "Eu gostaria de sugerir... [proposta], porque eu penso que seria... [benefícios]".

Interlocutor (confiante): "Certo".

RESOLUÇÃO DE CONFLITOS

CONSTRUIR A CONFIANÇA REFORÇANDO A RELAÇÃO DE BASE

OBJETIVO Fortalecer os aspectos cooperativos do relacionamento, de tal forma que as repercussões negativas dos conflitos sejam minimizadas, mesmo antes que se comece a falar sobre o problema.

"Nós já enfrentamos juntos muitos problemas que eram mais difíceis do que o atual. Por isso, não vejo motivo para que não o abordemos de forma otimista."

"O que realmente importa é que a base do nosso relacionamento é sólida. Já fizemos muitas coisas juntos e eu gostaria que continuássemos fazendo."

"O simples fato de estarmos dedicando parte de nosso tempo para falar sobre o problema já é uma boa razão para confiarmos um no outro."

EXPLICAÇÃO

Ao lidarmos com um conflito, é muito comum que exageremos sua importância. Isso pode perturbar e distorcer um relacionamento fundamentalmente sólido.

Quando, em uma discussão, passamos a considerar o "bem-estar básico da relação" ou nossa "cooperação global", acabamos eliminando boa parte da carga dramática atribuída ao conflito, gerando uma perspectiva mais compreensiva.

CONFLITOS DEVIDOS A FRUSTRAÇÕES

OBJETIVO   Explicitar quais eram suas expectativas, as bases sobre as quais elas foram criadas, o modo como elas foram frustradas e suas sugestões para o futuro.

Não diga:

"Você não é confiável, ninguém vai acreditar em você novamente" (afirmação globalizante). "E não me pergunte por que estou dizendo isso, porque você sabe melhor do que eu!" (isso equivale a pedir que o outro leia nossa mente).

Diga:

"Eu esperava... [W], tendo em vista que... [X]. Você fez... [Y]. Numa próxima vez, eu gostaria que você... [Z]".

EXEMPLO

"Eu esperava que você desse uma entrevista para a imprensa **evitando criticar** outros grupos, **porque** tínhamos decidido, em nossa reunião preparatória, que em todo contato público nós evitaríamos uma linguagem negativa quando nos referíssemos a outras associações apoiadoras do projeto. **Em vez disso**, você disse que os outros grupos são "fracos" e têm "capacidade limitada". Eu gostaria que, **no futuro**, a decisão do grupo fosse estritamente respeitada, ou então que se considere a possibilidade de outra pessoa assumir a função de dar entrevistas para a imprensa."

EXPLICAÇÃO

Quando uma expectativa é frustrada, uma discussão prolongada sobre o que aconteceu pode dar margem a um processo negativo: acusação – autojustificativa (e sensação oculta de culpa) – nova acusação – fuga ou escalada. Esse ciclo de comunicação pode se autorreproduzir. Por exemplo: o interlocutor acusado pode, no futuro, voltar a frustrar os outros, como forma de expressar sua mágoa.

Resolução de conflitos

Trinta minutos depois...

CHAMAR UM ÁRBITRO NEUTRO PARA AJUDAR A NEGOCIAR

OBJETIVO Convocar um árbitro neutro, que possa ajudar a evitar certas armadilhas (dogmatismo, monopolização, distanciamento do tema etc.), a esclarecer mal-entendidos, a promover uma postura positiva e a colocar ênfase nas soluções potenciais.

Uma chance melhor

"Se pedirmos a alguém de confiança, para ambas as partes, que nos ajude a organizar essa confusão, acredito que teremos uma chance melhor de resolver o problema."

Mais de meio caminho andado

"Em quem você confia e em quem eu confio? Quando encontrarmos uma pessoa na qual ambos confiamos, teremos mais de meio caminho andado na direção da resolução do problema."

EXPLICAÇÃO

As emoções negativas provocadas por um conflito inviabilizam os pensamentos positivos. A presença de um árbitro pode ser útil. O mero fato de escolher uma pessoa confiável (ou duas, ou três) para atuar na arbitragem já aponta um desejo positivo de que o problema seja resolvido.

RECAPITULAR A ÚLTIMA AFIRMAÇÃO FEITA PELO OUTRO LADO ANTES DE ACRESCENTAR ALGO

OBJETIVO Ao repetir o último ponto exposto por seu oponente, você mostra que o estava ouvindo atentamente.

Utilizando o método da recapitulação

Facilitador (ou participante): "Sugiro que, para nos ajudar a resolver o problema, utilizemos o 'método da recapitulação'. Ou seja: antes que qualquer dos lados dê continuidade a sua argumentação, deve ser feito um breve resumo do último ponto levantado".

EXPLICAÇÃO

Para recapitular de modo eficaz você precisa apreender efetivamente a mensagem do outro, dedicando a ela muita atenção. Fazer isso é mais indicado do que despender a maior parte de sua energia mental na formulação de sua réplica (a pessoa que diz para si mesma "O que vou dizer?" não ouve o outro; além disso, quando o outro lado recapitula acuradamente o seu ponto de vista, você se sente compreendido e respeitado).

ORGANIZAR E FORTALECER PROJETOS COOPERATIVOS

OBJETIVO Criar um projeto cooperativo que seja externo à área de conflito pode fazer que os dois lados se aproximem.

EXPLICAÇÃO

Um projeto cooperativo que funcione de fato pode reforçar o sentimento de cooperação e aumentar a motivação para a resolução do conflito. Vale lembrar que uma pessoa dominada pela emoção do conflito dificilmente faria esse tipo (ou qualquer outro) de sugestão positiva. Essa sugestão deve vir de alguém de fora: o facilitador, outro membro do grupo ou um árbitro externo.

Um jogo cooperativo de dez minutos

"Como estamos caminhando sem sair do lugar, proponho que façamos um intervalo de quinze minutos. Durante esse tempo, vocês dois devem criar, juntos, um jogo cooperativo que dure dez minutos. Depois do intervalo, todos nós vamos participar do jogo."

PROPOR SOLUÇÕES DO TIPO "DOIS EM UM" COMO CHAVE PARA A NEGOCIAÇÃO

OBJETIVO Propor soluções do tipo "dois em um", de modo que ambas as partes possam ver alguns de seus desejos satisfeitos pela solução global encontrada.

Não diga:

"Na próxima vez em que eu precisar de... [X], faça... [Y]. Assim, não teremos nenhum problema".

Diga:

"Na próxima vez em que tivermos de enfrentar essa situação, proponho que eu faça... [X], para atender às suas necessidades, e que você faça... [Y], para atender às minhas, sendo que ambos faremos... [Z], tendo em vista nossas necessidades comuns".

EXPLICAÇÃO

O conflito ocorre não apenas porque nossas expectativas são frustradas, mas também por nossos desejos não terem sido reconhecidos nem respeitados. Se pudermos encontrar uma linguagem que envolva reconhecimento e respeito, nosso desejo de estar e agir em conjunto se tornará mais intenso.

Um tempo para fazer e um tempo para refletir

"Minha sugestão é que, no começo da próxima reunião, reservemos um tempo para refletir a respeito de nossas motivações pessoais para participar do grupo, como você sugeriu; que você proponha que dediquemos uma hora para discutir nosso programa de ação, como eu sugeri; e que nós dois participemos ativamente de ambas as partes da reunião, oferecendo contribuições positivas. Assim, cada um terá uma parte de seus desejos satisfeita."

PROJETOS: A IMPORTÂNCIA DA CONCRETIZAÇÃO

É comum tentativas de transformação social fracassarem porque os membros dos grupos comunitários não sabem como cooperar para empreender uma ação concreta. As teorias que fundamentam os métodos democráticos não consideram uma contradição essencial: os grupos que funcionam democraticamente aparentam ser superiores àqueles coordenados autoritariamente, já que todos os seus membros podem tomar iniciativas e participar do processo decisório. Teoricamente, esse tipo de grupo poderia tomar decisões mais inteligentes e cumpri-las de forma mais eficaz do que os grupos autoritários. Na prática, entretanto, os grupos coordenados autoritariamente têm demonstrado superioridade em ações concretas. O chefe decide, e o plano de ação é executado de imediato: não se questiona nada! Essa é uma das razões pelas quais os grupos coordenados autoritariamente têm dominado as instituições e a sociedade desde o alvorecer da civilização.

A comunicação ecológica procura cultivar não apenas a expressão espontânea de seus membros individualmente, mas também a capacidade do grupo. Isso requer decisões e ações concretas. Nesta seção, vamos apresentar diretrizes da comunicação ecológica relacionadas a ações concretas, que envolvem as fases da proposta, da execução e do feedback.

ORIENTAÇÃO GERAL PARA QUE AS METAS DO GRUPO COINCIDAM COM OS INTERESSES DE SEUS MEMBROS

OBJETIVO No estágio embrionário da vida de um grupo, os participantes dão início à discussão sobre como criar metas que correspondam aos seus interesses e à sua capacidade. Faz-se uma combinação de objetivos externos com motivações internas.

O que nós podemos fazer?

Terça-feira, nove e meia da noite

Enquanto isso...

ALGUNS MÉTODOS

Brainstorming

Todas as ideias possíveis são incluídas no mural. Nesse primeiro momento de sugestões criativas, elas não são julgadas nem censuradas. Uma segunda etapa envolve a discussão das possibilidades de cada uma delas:

- O que está realmente de acordo com as potencialidades do grupo?
- Que sugestões são potencialmente mais eficazes?
- Quais participantes estão interessados em realizar as tarefas requeridas pelos projetos mais realísticos?

Compartilhar ideias em subgrupos de quatro pessoas

As pessoas podem se conhecer mais intimamente com a criação de pequenos subgrupos, cada um com quatro participantes. Todos terão, assim, tempo suficiente para compartilhar seus interesses e pontos de vista. Cada subgrupo deverá escrever suas conclusões numa folha grande, que será colocada no mural, para que, assim, elas sejam compartilhadas com o grupo todo.

EXPLICAÇÃO

Quando um grupo analisa um projeto (proteção de espécies ameaçadas, apoio governamental a pesquisas sobre energia limpa, proteção da arquitetura tradicional etc.), pode-se encontrar um número de atividades propostas superior em relação à real capacidade de ação do grupo. Uma forma de manter a discussão ancorada na realidade é perguntar, logo no início: "Quem gostaria de participar de qual projeto?" Do contrário, o grupo pode se perder em ideias grandiosas, que estão além de suas possibilidades, o que acabaria ocasionando frustração geral.

DE "ORIENTAÇÕES GERAIS" A "PROJETOS GERAIS"

OBJETIVO Para que uma orientação geral se torne um projeto específico, a discussão deve passar por uma etapa intermediária denominada "projeto geral".

ALGUNS MÉTODOS

Informar o público

É preciso que o público tome conhecimento da questão (orientação geral), o que pode ser feito de diversas formas. Por exemplo:

- apresentação de vídeo, acompanhada de comentários feitos por um especialista;
- debate público, envolvendo figuras políticas e técnicos especializados;
- folhetos informativos distribuídos de porta em porta;
- um estande informativo que também funcione como ponto de encontro, localizado em uma praça da cidade, contando com folhetos informativos, um abaixo-assinado para colher adesões e membros do grupo disponíveis para discussão;
- *envio de e-mails para uma lista de endereços de possíveis interessados;*
- *criação de espaço interativo na internet, utilizando as várias ferramentas disponíveis (e-group, site, blog, comunidade etc.).*

Denunciar abusos

Orientações gerais: deve-se elaborar um modelo de carta para ser distribuído entre os cidadãos. O modelo deve incluir:

- citação da legislação pertinente;
- orientação sobre como descrever, em termos claros, o abuso ocorrido;
- demonstração de como citar data e hora da observação do abuso;
- enumeração das autoridades públicas para as quais a carta deve ser enviada;
- relação dos nomes das pessoas que integram a comissão coordenadora, para que recebam uma cópia da carta.

Dessa forma, não apenas os membros do grupo poderão denunciar abusos, mas também todos os outros cidadãos.

DE PROJETOS GERAIS A PLANOS ESPECÍFICOS: QUEM FAZ O QUÊ, ONDE, QUANDO E COMO?

OBJETIVO Todas as questões citadas no enunciado devem ser respondidas. Ou seja, é preciso "ir ao que interessa".

EXPLICAÇÃO

Essas questões nos levam ao ponto crucial, o momento em que o grupo mostra sua força ou sucumbe por sua debilidade.

Para os grupos autoritários, o processo de elaboração de um plano de ação concreto é, em geral, simples. O chefe decide quem faz o quê, quando, onde e como, e depois se encarrega do acompanhamento das tarefas.

Os grupos democráticos apresentam visão mais ampla: todos contribuem para a discussão e para a decisão, já que todos podemos utilizar nossa capacidade e nosso discernimento em prol de um objetivo grupal. Entretanto, se a questão "Quem faz o quê?" não for respondida rápida e claramente, o projeto grupal pode se perder em meio à dispersividade, aos conflitos, à superficialidade e à confusão.

DESENVOLVENDO O "O QUE" DO PROJETO

EXEMPLO: PLANEJAR UM DEBATE PÚBLICO

Facilitador: "O grupo chegou à conclusão, após votação, de que deveríamos organizar um debate público relacionado com nosso objetivo". (Alguns objetivos, a título de exemplo: buscar voluntários competentes para que trabalhem no hospital; lutar pelo aumento da proteção dos membros de grupos minoritários contra ataques físicos; apoiar leis que permitam a opção pelo serviço civil como alternativa ao serviço militar; reivindicar direitos e salários iguais para as mulheres; exigir o aumento dos recursos públicos destinados a associações voltadas a deficientes físicos; solicitar a criação de centros esportivos e culturais para adolescentes do bairro etc.)

Nossa missão é, antes de mais nada, identificar as diferentes tarefas necessárias. Depois, teremos de determinar quem fará o quê. Porém, antes disso, o grupo deve listar as tarefas, afixando essa relação no mural.

Encontrar um local para as reuniões

Um lugar que fique na região central da cidade e, ao mesmo tempo, não seja afetado por rumores externos, que tenha cadeiras e uma boa iluminação. Também é preciso que seja cedido gratuitamente ou por um valor compatível com as finanças do grupo.

Fazer contato com os palestrantes

Duas autoridades com responsabilidade direta em relação à questão e dois profissionais da área.

Marcar data e hora

Daqui a quatro meses, numa terça-feira à noite, às oito e meia. A data definitiva dependerá da disponibilidade da sala.

Criar um folheto informativo

Para divulgar o objetivo da reunião, data, horário e local, nomes dos palestrantes e sua posição oficial, informações básicas, por exemplo o esclarecimento quanto à importância do problema, nome, endereço e número de telefone do grupo, nomes das organizações apoiadoras etc.

Criar cartaz

Informações, projeto gráfico, dimensões, tipo de papel, cores, quantidade.

Encontrar uma gráfica

Custo, tempo necessário, disponibilidade para fazer o trabalho no prazo.

Distribuição dos folhetos

Colocar no correio? Entregar em mãos, em pontos movimentados? Distribuir de maneira mais pessoal? Como podemos explicar os objetivos da reunião de forma amigável?

Afixar os cartazes

É preciso pagar alguma taxa? Quais são os melhores locais? Como podemos explicar o porquê do cartaz, em termos simples e positivos, para os proprietários de lojas e para os transeuntes?

Utilizar a internet

Criar um espaço na internet no qual não apenas sejam disponibilizadas as informações, como também seja possível fazer um "aquecimento virtual", com as pessoas participando de uma discussão on-line sobre o tema do evento.

Contatos com a imprensa

Alguém conhece jornalistas locais? Alguém tem contato com jornais nacionais? Se não houver ninguém, como eles podem ser contatados? Que revistas especializadas poderiam ser procuradas? Se existir a possibilidade de publicação de uma entrevista, quais membros do grupo teriam melhores condições para ser entrevistados?

Levantamento de fundos

Existem fontes potenciais de financiamento? Organizações nacionais? Amigos de amigos? Comércio e bancos locais? O grupo pode arrecadar fundos de outras formas – por exemplo, promoção de um baile, venda de roupas ou livros usados?

Planejamento da reunião propriamente dita

Quais membros desejam integrar a comissão de planejamento responsável pela organização da reunião? É preciso definir:

a) como apresentar a reunião para o público;
b) como apresentar os palestrantes;
c) quanto tempo terá cada palestrante para que desenvolva sua fala inicial;
d) como começar e como estimular o debate;
e) o que o moderador precisa promover e também evitar;
f) o material que será oferecido para os presentes (por exemplo, pode-se entregar, ao final da reunião, uma folha que contenha dados e um questionário, para que as pessoas possam registrar seu interesse em receber mais informações ou mesmo em participar do grupo).

Recepção e boas-vindas

Alguns membros do grupo podem exercer a função de recepcionistas. O que esse papel exige? Uma postura gentil e amistosa durante a saudação às pessoas à entrada da reunião; os recepcionistas podem perguntar àqueles que parecerem interessados se desejam receber informações preliminares, ou se possuem algum interesse particular relacionado com o tema da discussão etc. Além disso, os recepcionistas também devem estar disponíveis depois da reunião, para que recebam o feedback das pessoas presentes. Seria útil fazer uma reunião preparatória ou mesmo desenvolver alguma forma de treinamento ou *role-playing* envolvendo os recepcionistas?

Contato com outras associações

Outras entidades locais ou filiais de associações nacionais podem estar interessadas no mesmo problema. Será que elas gostariam de apoiar a reunião, permitindo que se coloquem seu nome e sua logomarca nos folhetos, na condição de "entidades apoiadoras"? Será que elas poderiam nos ajudar na distribuição dos folhetos ou nos contatos boca a boca? Será que alguns de seus membros não gostariam de participar da reunião?

A capacidade de garantir a esses membros tempo adequado para a discussão, além da menção do nome da associação que representam – o que demonstraria um espírito de colaboração, mesmo que eles levantem alguns aspectos negativos –, pode ser interpretada como uma prova da maturidade do moderador e do grupo anfitrião.

ESCLARECIMENTO

Sabemos que cada uma das tarefas envolve uma série de detalhes. Considero que seria um erro, em se tratando de um grupo grande, tentar responder a cada uma das questões levantadas. Primeiro, porque tal tentativa consumiria muito tempo. Segundo, porque diminuiria a liberdade e a responsabilidade dos encarregados da tarefa. O método ideal consiste em criar comissões operacionais para cada tarefa e dar a elas liberdade para que tomem suas decisões, enquanto as questões mais importantes – conferencistas a serem convidados, escolha do local etc. – ficam a cargo do grupo como um todo ou ainda do coordenador do projeto e sua comissão.

QUEM FAZ O QUÊ?

Facilitador: "Quem vai coordenar o programa?"

Coordenador do programa ou facilitador: "Quem se encarregará de cada tarefa? Como líder do grupo ou como participante?" (Para cada tarefa bastam um líder e mais um ou dois colaboradores. Gente demais retarda o trabalho.)

Nesse ponto, um processo complicado tem início. Algumas pessoas se voluntariam imediatamente: "Eu gostaria de fazer...". Outras precisam ser convidadas: "Helena, você desenha bem. Que tal se encarregar de criar o cartaz?" Certa modéstia impede algumas pessoas (em suas primeiras experiências grupais) de tomarem a iniciativa: "Eu acho que há outras pessoas aqui com mais experiência, e que podem fazer isso melhor do que eu". Um dos aspectos positivos referentes a grupos comunitários ativos consiste no fato de que aqueles com pouca ou nenhuma experiência prévia demonstram, em geral, talento extraordinário e profundo senso de responsabilidade quando assumem uma nova tarefa. Além disso, quando uma pessoa é "convidada", ela pode se sentir encorajada e apoiada pelo grupo. Por isso, da mesma forma que o ato de "tomar a iniciativa", "convidar pessoas" faz parte do processo de autorregulação do grupo. O ideal é que os "convites" não sejam feitos exclusivamente pelos membros dominantes do grupo (líder, facilitador, ativistas): todos os participantes devem contribuir fazendo convites uns aos outros.

Evidentemente, um "não" incisivo deve ser respeitado. Do contrário, a responsabilidade pela tarefa não será assumida como uma decisão livre.

Um ritmo acelerado para a resolução dos conflitos

Há "milhões" de pequenas coisas em relação às quais é preciso tomar decisões. Um grupo pode manter, durante o trabalho, uma sensação de profunda harmonia mesmo quando houver pontos de vista opostos – e sem perder o ritmo acelerado do processo decisório?

Consideremos, por exemplo, algumas possíveis questões relacionadas com o local da reunião: quantas pessoas cabem no lugar? É possível dispor as cadeiras em círculo ou em diversas fileiras? Há espaço na parede para afixar cartazes ilustrativos das apresentações? Há muito barulho externo? Como é a iluminação? A que horas o responsável fecha o local?

Podem surgir conflitos devidos a tensões

Durante esse período de planejamento, podem surgir alguns pontos de tensão: será que esse conferencista é adequado ao tema?

Participante: "Proponho que se convide, para que seja um dos palestrantes, o senhor X, do Partido Y".

Oposição: "Eu conheço o senhor X. Ele se apresenta como defensor da consciência ambiental, mas posso citar vários exemplos que mostram que, na realidade, ele é o oposto, como a vez em que votou contra a preservação de um parque ou quando se opôs ao maior controle do destino dado ao lixo tóxico produzido pelas indústrias químicas".

Podemos fazer a reunião no salão da igreja?

Participante: "Eu conheço o padre da igreja da praça T. Sei que ele apoiaria nossa reunião e o projeto por trás dela. Tenho certeza de que disponibilizaria o salão da igreja para o evento".

Oposição: "Se nos reunirmos na igreja o público pode imaginar que somos um grupo religioso. É importante que saibam que não somos sectários. Temos outras alternativas para o local da reunião".

Facilitador: "Notei que ambas as partes demonstraram fortes sentimentos em relação a essa questão. Sugiro que isso seja discutido agora, durante alguns minutos. Se não chegarmos a uma solução, vamos nos reunir com um subgrupo mais tarde para tentar resolver o problema".

OBSERVAÇÃO

Se o clima for dominado por excitação, radicalização e irritação, chegar a uma decisão que agrade a todos será quase impossível. Esse tipo de problema pode pôr a maturidade do grupo à prova. Isso explica, entre outras coisas, por que a comunicação ecológica é definida como "expressão individual" no "contexto grupal".

CRIANDO PRAZOS PARA A CONCLUSÃO DA TAREFA

OBJETIVO   Uma tarefa complexa requer a integração de várias subtarefas. Por isso, é preciso estabelecer um prazo para cada uma delas.

Calculando os prazos regressivamente

Facilitador: "Hoje é dia 1º de janeiro. Nós decidimos que nossa reunião pública acontecerá daqui a quatro meses, ou seja, no dia 1º de maio. Vamos definir alguns prazos". (Isso pode ser decidido pelo grupo todo, se ele tiver no máximo dez pessoas. Mas, se for maior, uma comissão de três ou quatro membros seria mais indicada para essa tarefa. Assim, os demais participantes terão mais tempo para cuidar de outros aspectos.)

Exemplos de prazos

O anúncio da reunião deverá ser publicado no jornal na véspera, no dia 30 de abril. Para garantir isso, deve-se fazer novo contato com o jornalista (que já terá sido contatado com bastante antecedência) quatro dias antes da publicação, ou seja, em 26 de abril.

Os palestrantes devem ser contatados uma semana antes da reunião para que confirmem sua presença e também para que se pergunte a eles se precisam de ajuda com relação ao transporte (23 de abril).

Os cartazes devem ser afixados e os folhetos de divulgação distribuídos ao público geral cerca de três semanas antes da reunião (7 de abril).

Os folhetos devem ser distribuídos aos amigos pessoais quatro semanas antes da reunião (1º de abril). O material que deve ser enviado pelo correio precisa ser postado cinco semanas antes (24 de março). Para que os cartazes e os folhetos sejam impressos a tempo para a distribuição, as gráficas precisam de pelo menos duas semanas. Assim, a gráfica deve receber o material pronto até o dia 10 de março.

No dia 24 de fevereiro, duas semanas antes dessa data, a comissão de planejamento deve ter as seguintes informações definidas (após uma discussão que envolva os vários grupos-tarefa): local e horário da reunião, palestrantes, organizações apoiadoras, projeto gráfico e todos os demais dados necessários para a produção dos cartazes e folhetos. Quanto ao contato com revistas especializadas para que a reunião seja anunciada na edição de abril (se a publicação for mensal) – na seção que traz a "agenda de eventos" –, a informação básica deve chegar lá até o dia 10 de março e deve ser enviada com antecedência, de preferência antes do final do mês de fevereiro. No caso de revistas bimestrais, ao menos a data, o horário, o título e, se possível, o local (com o endereço, o número do telefone *e o e-mail* do grupo) devem ser informados até 14 de fevereiro.[1]

Fazer contato com potenciais palestrantes

É aconselhável que o primeiro contato seja feito por telefone. Se o convite for aceito, poderá ser formalizado por escrito, posteriormente. Do contrário, corre-se o risco de que a participação seja cancelada tarde demais. Deve-se elaborar uma lista de prioridades na semana seguinte à primeira reunião de planejamento e dar início aos convites aos conferencistas escolhidos. Contato com os palestrantes: a partir de 8 de janeiro.

O mesmo princípio se aplica à procura do local para a reunião.

ESCLARECIMENTO

As subtarefas com prazos mal planejados acabam frustrando e atrapalhando os demais grupos-tarefa, além de criarem obstáculos ao projeto como um todo. Por isso, estabelecer prazos precisos e realísticos para cada grupo-tarefa é algo vital.

Dois outros trabalhos também deverão ser feitos:

1. a divisão das subtarefas e a determinação de seus respectivos prazos, por parte de cada grupo-tarefa;
2. o desenvolvimento de métodos de acompanhamento, semana a semana, para garantir que cada grupo faça a sua parte.

TRABALHO DO GRUPO-TAREFA: DIVISÃO DE SUBTAREFAS E ESTABELECIMENTO DE PRAZOS

OBJETIVO Promover, entre os membros do grupo-tarefa, uma reunião amigável e eficiente.

---

1. Essas datas têm como referência os prazos praticados por fornecedores e publicações da Itália na época em que o livro foi escrito. Pode se incluir no cronograma uma variante específica para as ferramentas de internet que sejam adequadas ao projeto. (N. do T.)

EXPLICAÇÃO

Como os grupos-tarefa possuem poucos membros, o desenvolvimento de seu trabalho dispõe de contato mais direto entre os participantes e de mais tempo para que discutam; isso garante mais liberdade em relação ao grupo como um todo. Ao mesmo tempo que os participantes têm um trabalho a ser feito, eles podem encontrar satisfação por meio do contato pessoal. Aliás, esse contato muitas vezes evolui para uma amizade duradoura.

Quem tem a palavra? Muitas vezes o líder do grupo-tarefa apresenta o maior número de ideias; outras vezes, elas vêm dos demais participantes. Cada grupo desenvolve o próprio estilo. Vale destacar que todos os princípios da comunicação ecológica podem ser praticados durante a reunião do grupo: os participantes podem enfatizar a valorização e as sugestões, tendo em mente que, "à medida que dialogamos, aprendemos a dialogar melhor".

DATA E HORÁRIO DA PRIMEIRA REUNIÃO DO GRUPO-TAREFA

"Quando?" "O mais cedo possível"

Assim que se define o grupo-tarefa (durante uma reunião do grupo total), faz-se uma troca de nomes e contatos. A primeira reunião deve acontecer em até dez dias, pois, do contrário, a motivação para o projeto pode fenecer. Se não for possível encontrar uma data adequada para todos, pode-se propor que os integrantes permaneçam na sala após o término da reunião do grupo total para que, na sequência, façam a divisão do trabalho.

Problema levantado por um integrante: "Desculpem-me, mas não posso ficar. Eu tenho um compromisso logo depois da reunião".

Resposta negativa: "Você precisa ficar! Não podemos trabalhar sem você! É uma questão de responsabilidade".

Resposta positiva: "Então você poderia dizer o que gostaria de fazer? Eu posso telefonar para você depois e contar como ficaram a divisão e os prazos. Pode ser assim?" (Caso não concorde, qual seria a sugestão dele?)

COMO O GRUPO-TAREFA ORGANIZA SUAS SUBTAREFAS

Uma vez mais: quem faz o quê, onde, quando e como?

1. Quais são as subtarefas?

2. Quem se encarregará de cada uma delas?
3. Como deve ser desenvolvida cada subtarefa? Com contatos telefônicos, visitas, correspondência, trabalhos braçais (exemplos: limpar um parque, pegar amostras da água de um rio)?
4. São necessários materiais especiais? Como eles podem ser obtidos?
5. Há custos especiais? É preciso fazer um plano orçamentário?
6. Qual é o prazo final para que a tarefa seja cumprida?
7. Acompanhamento... (veja a figura "Acompanhamento telefônico", na p. 86).

Registrar a decisão

É extremamente aconselhável que as pessoas desenvolvam o hábito de **registrar** decisões, sugestões, informações e questões.

1. Cada pessoa fará anotações que envolvam os pontos relativos à sua subtarefa.
2. Se o grupo for composto por mais do que três pessoas o mural deverá ser utilizado.
3. O líder do grupo-tarefa (ou um secretário) será o responsável por registrar todas as decisões essenciais.

Aprendendo um pouco mais sobre a comunicação ecológica

A cada reunião surge a oportunidade de aprender um pouco mais a respeito da comunicação ecológica. As reuniões dos grupos-tarefa são especialmente proveitosas, já que há menos pessoas envolvidas. A comunicação ecológica prega que todos podemos aprender uns com os outros, por meio de um feedback específico: "Do que você gostou e o que gostaria de sugerir?" Nesse sentido, é possível, por exemplo, valorizar os talentos de cada um: conhecimento técnico, habilidades práticas, clareza, originalidade, iniciativa, capacidade de criação de um clima cooperativo, talento para a negociação de diferenças etc. Os grupos-tarefa também contam com a vantagem de dispor de mais tempo para a análise das reações provocadas e para o combate aos elementos que frequentemente bloqueiam a comunicação: rigidez, falta de respeito, moralismo, passividade, superficialidade, monopolização etc. "Quando dialogamos e oferecemos feedbacks úteis, aprendemos a dialogar melhor" (princípio da metacomunicação).

IMPORTÂNCIA DO ACOMPANHAMENTO, UM RECURSO PARA GARANTIR QUE A TAREFA SEJA FEITA

OBJETIVO Criar um método de consciência interpessoal, para que todos saibam que seu trabalho será reconhecido, que receberão ajuda em caso de dificuldade e que, se um compromisso não for cumprido, os outros membros do grupo tomarão conhecimento do problema.

EXPLICAÇÃO

Será que as pessoas realmente vão executar o trabalho para o qual se voluntariaram, considerando-se que isso exigirá iniciativa própria e o desenvolvimento de atividades fora do horário das reuniões do grupo?

Muitos de nós conseguimos nos comunicar e atuar de forma eficaz junto com o grupo, mas quando a tarefa exige uma ação solitária, pode ocorrer certa inibição: "Eu não tive tempo". Tradução: "Eu não tenho muita prática em se tratando de atuações autônomas, especialmente as que envolvem 'áreas delicadas'".

Um exemplo de atividade que frequentemente se encaixa nessa categoria é a redação (de um relatório, de um folheto informativo, de uma carta, de um artigo etc.). Por que esse bloqueio é tão comum? Ter de escrever algo em casa é uma tarefa que remete às lições escolares! O "trauma da lição de casa" se deve ao fato de que elas são impostas por autoridades escolares, sendo mais tarde submetidas a um julgamento. A experiência emocional resultante pode ser de "subordinação" e "medo do julgamento". Como superar essa inibição?

1. Decisão pessoal: eu quero resgatar essa capacidade vital.
2. Prática: eu vou escrever para mim mesmo, e **só para mim**, sempre que puder.
3. Feedback positivo: posso mostrar para você meu primeiro esboço para que faça uma avaliação e me dê sugestões?

Outras situações geralmente problemáticas: entrar em contato com autoridades, conversar com desconhecidos, falar em público etc. As tarefas do grupo representam, ao mesmo tempo, um desafio e uma oportunidade, ou seja, confrontar os problemas e, com ajuda dos outros membros, superá-los.

A QUESTÃO DA PRIORIDADE

O obstáculo mais comum ao engajamento dos membros de grupos-tarefa é a questão da prioridade: cada um de nós tem muitas obrigações cotidianas, e nossa participação no grupo comunitário é apenas uma delas. Com isso, outras tarefas poderão ter precedência, caso as consideremos urgentes.

Lembremo-nos de que os grupos hierárquicos do mundo econômico não enfrentam esse problema. As pessoas são pagas pelo seu trabalho, e, se o trabalho não for realizado, elas correrão o risco de perder o emprego. Os grupos comunitários representam uma nova visão social, por isso são vulneráveis. Se uma pessoa não cumprir seus compromissos durante a execução de um projeto coletivo, ela não vai perder seu emprego nem sofrerá nenhum dano material.

Como podemos superar essa barreira? Por intermédio de um método que nos ajude a tomar consciência de que nossas ações são importantes para os outros. Os demais participantes do grupo contam conosco da mesma maneira que nós contamos com eles. Portanto, a solução requer acompanhamento e reconhecimento. Assim, se fizermos nossa parte, com certeza ouviremos uma palavra de reconhecimento.

Método de "acompanhamento e reconhecimento": um meio de garantir que o trabalho seja feito

Líder do grupo-tarefa: "Como será o acompanhamento das tarefas? Uma possibilidade seria que eu mantivesse contato com cada um. Outra seria fazermos uma divisão do trabalho, sendo que cada pessoa pediria a outro membro que fosse seu parceiro de acompanhamento. Nesse caso, os parceiros serão escolhidos de acordo com as preferências pessoais. Um parceiro entrará em contato com o outro na ocasião combinada, o indagará quanto ao andamento do trabalho, mostrará reconhecimento pelo que foi feito e oferecerá ajuda caso surjam obstáculos".

Participante: "Essa tarefa de escrever um pequeno texto e enviá-lo aos jornais que constam da lista que você me deu me deixa um pouco preocupado, pois eu nunca fiz isso. Quando estava no colegial, eu escrevia bem, mas já não escrevo há muito tempo. Eu gostaria que alguém me ajudasse, alguém que tenha disponibilidade para trocar ideias de vez em quando".

Líder: "Certo. E quem poderia ser essa pessoa?"

Participante: "Deixe-me pensar um pouco [pausa]. A Cecília. Ela é sempre objetiva e paciente".

Líder (para Cecília): "Você concorda?"

Cecília: "Por mim, tudo bem".

Líder: "Quando vocês chegarem a um acordo quanto às datas dos contatos, por favor me avisem".

ESCLARECIMENTO

O trabalho originado pelo projeto do grupo pode desenvolver, e muito, a cooperação e os contatos interpessoais. A concretização do projeto é, com certeza, importante, mas o elemento essencial é a qualidade do relacionamento.

PARA CADA SITUAÇÃO, UMA RESPOSTA ÚTIL

1. O trabalho foi feito. Resposta: "Ótimo! Como você conseguiu terminar?"
2. O trabalho ainda não está concluído. Resposta: "Vamos analisar o que já está pronto e o que ainda deve ser feito" (esclarecimento).
3. "Eu cheguei a começar, mas fiquei 'empacado'." Resposta: "Podemos conversar sobre isso? O que você fez? Em que ponto parou? Talvez eu possa ajudá-lo a definir os passos adequados" (esclarecimento quanto ao que foi feito e ao obstáculo; sugestão para a continuação do trabalho).
4. "Eu não consegui começar." Resposta: "Acho que você está passando por muita coisa no momento (empatia). Podemos conversar sobre isso?" (Questão aberta: talvez a conversa possa levar a um novo prazo, caso a pessoa vislumbre a possibilidade de concluir a tarefa nos dias seguintes. Do contrário, deve-se aventar a possibilidade de que outra pessoa assuma a tarefa. Nesse caso, o líder poderá entrar em contato com o coordenador do projeto ou com outro membro do grupo-tarefa para uma discussão sobre quem poderia assumir o trabalho.)

ESCLARECIMENTO

Muitas vezes, o mero ato de conversar sobre uma situação problemática, ou de definir as etapas a ser seguidas, pode ser suficiente para desbloquear uma situação. A pessoa que está paralisada acabará reconhecendo a generosidade e a paciência de seu interlocutor. Acusações ou agressões verbais não resolverão o problema. Ao mesmo tempo, certo grau de firmeza pode mostrar à pessoa que, apesar da compreensão e da solidariedade, é importante que a tarefa seja concluída.

Se considerarmos o self como uma "estrutura interna de energia", torna-se possível afirmar que a consciência do grupo – no caso, transmitida por intermédio dos contatos de "acompanhamento e reconhecimento" – cria uma "estrutura externa de energia" que fortalece o self. Alguns podem chegar a declarar, com gratidão: "Eu consigo fazer coisas para o grupo que nunca conseguiria fazer sozinha. Preciso desse contato, do apoio que ele oferece".

CONCLUSÃO

Analisamos de forma bastante detalhada diversas maneiras de iniciar, planejar e executar um plano de ação, pois esse aspecto da comunicação ecológica tem sido frequentemente negligenciado. Os métodos apresentados podem parecer rigorosos ou rígidos demais, mas o objetivo que os propulsiona é um só: a eficiência. Cada grupo acaba descobrindo seu estilo próprio, seu próprio modo de lidar com o rigor e sua própria medida de flexibilidade e de disponibilidade.

O mais importante, no meu modo de entender, é que o objetivo do grupo tenha valor em si, mas também que seu projeto cooperativo possibilite o estímulo e a manifestação de nosso potencial humano.

COOPERAÇÃO ENTRE ENTIDADES

OBJETIVO Criar um projeto cooperativo entre entidades que compartilhem valores globais e pontos de interesse, ainda que haja diferenças de opinião e, até mesmo, opiniões opostas, quanto a aspectos particulares.

EXPLICAÇÃO

Grupos que pensam de forma semelhante muitas vezes se digladiam em vez de considerarem uma colaboração. Parece ser mais fácil fechar-se e recusar conciliações ou novas formas de resolução de conflitos. Assim, o desafio reside em conservar em primeiro plano os pontos em comum e deixar as diferenças de lado caso um esforço conjunto possa contribuir para a concretização de um objetivo compartilhado.

EVITE COMENTÁRIOS QUE DIMINUAM A AUTOESTIMA DO OUTRO

Não diga:

"Eles não são honestos, têm sede de poder, são um bando de manipuladores". (Trata-se de crítica negativa, com o uso de argumentos gerais e imprecisos e julgamentos absolutos, desconsiderando os aspectos positivos – que compõem uma parte do todo.)

Diga:

"Suas ações têm aspectos positivos e negativos. Eles tiveram a ideia de criar uma rede e convidaram vários grupos diferentes para participar dela – esse é o lado positivo. Admiro sua capacidade de tomar iniciativas e de organização. Quanto ao lado negativo, seus membros foram representados de forma desproporcional na reunião do grupo-tarefa, e posso mencionar diversas ocasiões em que eles dominaram a discussão". (Quando examinamos a totalidade, fazemos avaliações tanto positivas quanto negativas.)

Manifeste reconhecimento

"Antes que comecemos a discutir nosso projeto, eu gostaria de ler uma lista de aspectos positivos específicos apontados pelos membros de nosso grupo no nosso último encontro: vocês recepcionam visitantes e novos membros de modo muito cordial. Observamos isso quando dois de nossos companheiros foram a uma reunião do seu grupo, há seis semanas. Eles também disseram que todos os membros de seu grupo participaram da discussão a respeito do plano de ação, e que o debate foi muito vivaz. Recebemos cópias de seu boletim – muito obrigado – e achamos muito úteis as informações sobre os eventos na cidade, assim como os debates a respeito do significado de "ecologia". Por último, alguns de nossos companheiros participaram, no mês passado, da série de conferências que vocês promoveram e ficaram impressionados tanto com a qualidade dos palestrantes quanto com a seriedade dos debates."

EVITE A ARMADILHA DO DEBATE IDEOLÓGICO

Não diga:

"Seu grupo se recusa a admitir que as forças econômicas fazem parte do jogo. Vocês estão cometendo o mesmo erro que os defensores do idealismo liberal cometem". (Interpretação dogmática expressa na passagem: "Seu grupo se recusa a admitir..." – ou seja, "Nós estamos certos, vocês estão errados" – e rotulação, pelo uso da expressão "idealismo liberal".)

Diga:

"Cada grupo faz sua própria análise da interação entre as forças econômicas e psicológicas. No momento, estamos tentando privilegiar os pontos que temos em comum, para que possamos unir nossas forças numa ação coletiva. Todos nós desejamos uma cidade com ar puro, com mais árvores, parques, ciclovias, áreas de livres de tráfego e associações de bairro bem informadas e prontas para agir. Vocês concordam com essa lista? Podem citar algum outro ponto em comum?"

Compartilhar o processo decisório

"Ficamos contentes por vocês terem decidido compartilhar conosco esse projeto desde sua fase inicial. Será para nós um prazer enviar dois representantes para a reunião da comissão de planejamento. A iniciativa de oferecer um espaço para que representantes de outros grupos participem do projeto comprova sua seriedade no que tange à aplicação dos princípios de participação mútua."

Grupos de transformação social no passado

Grupos de transformação social no futuro (assim esperamos!)

POSSÍVEIS PROJETOS DE COOPERAÇÃO ENTRE DIFERENTES GRUPOS

- Debate público.
- Apresentação de vídeo.
- Série de conferências.
- Mesa-redonda: "Estamos organizando uma mesa-redonda sobre o tema X. Como seu grupo se interessa pela mesma questão, gostaríamos que vocês enviassem um representante para que participe do debate".
- Estande informativo: "Vamos criar um estande informativo na principal praça da cidade, sendo que já obtivemos a permissão oficial para isso. Tendo em vista que seu grupo lida com as mesmas questões que o nosso, gostaríamos de convidá-los para uma ação conjunta, sugerindo que montem um estande ao lado do nosso. Trabalhando juntos conseguiremos impacto maior".
- Campanha para coleta de assinaturas, com o uso de cartaz informativo: "Nós decidimos elaborar um cartaz informativo a respeito da questão Y. Parece-nos que seu grupo também se interessa por esse problema. Gostaríamos de sugerir que participem conosco desse projeto, ajudando-nos a formular o cartaz e, depois, a promover sua distribuição. Naturalmente, existe a questão dos custos. Se vocês também puderem colaborar nesse aspecto, teremos a possibilidade de imprimir mais cartazes e realizar uma distribuição mais ampla".
- Congresso regional: "Estamos convidando diversos grupos e seria oportuno que nos encontrássemos para troca de ideias, incluindo sugestões acerca de novos projetos".
- Outros instrumentos:
    - uma grande manifestação;
    - um festival de educação;
    - um curso de treinamento para facilitadores;
    - uma equipe de pesquisa;
    - uma festa;
    - um passeio no campo.

CONCLUSÃO

Se o desenvolvimento da amizade no interior de um grupo torna-se o principal motivador de sua continuidade, o desenvolvimento da amizade entre grupos desempenha papel similar: "Desejamos criar, junto com eles, um projeto cooperativo, não somente porque compartilhamos diversas ideias e valores, mas também porque apreciamos a presença deles".

CRIAR UMA SEPARAÇÃO POSITIVA NO INTERIOR DO GRUPO

OBJETIVO Entender que, quando uma parte do grupo decide seguir seu próprio caminho, esse fato constitui uma ação positiva.

EXPLICAÇÃO

É muito comum que se exija dos grupos uma "unidade a qualquer preço". Portanto, encarado segundo esse ponto de vista, o desejo de uma parte do grupo de se separar e buscar outro caminho é considerado uma "traição".

A tradição

Diversos membros: "Nós decidimos nos separar do grupo e criar um novo. Nosso modo de pensar é muito diferente da mentalidade do grupo atual".

Resposta: "Como assim? Isso é uma punhalada pelas costas!"

A comunicação ecológica

Resposta: "É uma pena que não encontrem mais um lugar para vocês dentro da estrutura atual. Mas nós entendemos que vocês precisam criar uma estrutura própria, mais coerente com a sua visão. Desejamos a vocês muito sucesso e felicidade".

Quando as relações se mantêm em bom nível

Com a existência de respeito mútuo entre aqueles que deixam o grupo e os que permanecem, o contato entre o velho e o novo grupo pode dar origem a uma nova aliança positiva: mais tarde, podem surgir projetos em comum. O curso da amizade não tem de ser interrompido quando os caminhos se separam.

As pessoas crescem e se tornam líderes

Participante: "Não apenas os nossos diferentes pontos de vista provocaram essa separação; pesou também o fato de nos sentirmos, ao menos alguns de nós, suficientemente maduros para nos tornarmos líderes".

Resposta: "A semente precisa ser plantada com certa distância da árvore da qual se originou".

Crescimento derivado da crise

Um membro do grupo antigo: "Mas, se perdermos esses companheiros, estaremos perdendo parte de nossa força".

Resposta: "Nós também temos de crescer. Precisamos encontrar mais pessoas interessadas em nosso trabalho. Se nossas reuniões proporcionarem uma experiência coletiva de alta qualidade, conseguiremos encontrar novos membros".

A AUTOEVOLUÇÃO DO GRUPO

COMO UM GRUPO PODE CRIAR UMA "AUTOEVOLUÇÃO" UTILIZANDO A COMUNICAÇÃO ECOLÓGICA

OBJETIVO Utilizar métodos que ajudem o grupo a fazer escolhas positivas em sua comunicação cotidiana. Isso pode contribuir para que a comunicação conquiste maior profundidade pessoal e maior eficácia no que diz respeito à ação concreta.

Como cada um pode ajudar?

A simples pergunta "Como cada um pode contribuir para a melhoria da comunicação?" pode desencadear uma reflexão positiva. Com a ênfase da "melhoria", a tendência será a diminuição das críticas e das acusações mútuas. Quando se pergunta "Como cada um pode ajudar?", compartilha-se a responsabilidade de tentar empreender uma mudança positiva. Finalmente, o mero interesse pelo funcionamento da comunicação – ritmo, clareza, concretude, redução de interrupções, compartilhamento do espaço, respeito à lógica etc. – pode aumentar o nível de sensibilidade no trato com os demais.

De uma lista de problemas a uma lista de soluções

Participante: "Proponho que se faça uma lista de problemas comunicativos. Podemos colocá-la no mural e, em seguida, ao lado de cada problema, acrescentar uma possível solução. Por exemplo, se o problema for a 'dispersividade', a solução será 'ater-se ao assunto'; se o problema for 'a vagueza das ideias', a solução poderá ser 'dar exemplos concretos'. E assim por diante".

Avaliação positiva

Participante: "Proponho que, durante a reunião, cada pessoa anote o que lhe agradou nas falas que ouviu. O ideal seria anotar o nome da pessoa, o que ela disse e por que o que foi dito agradou, em poucas palavras. Se cada um escrever seus comentários em papéis separados, ao final da reunião as avaliações poderão ser intercambiadas. Esse procedimento ajudaria a estimular nossa força positiva".

Reações espontâneas

Participante: "Poderíamos fazer anotações referentes a nossas reações diante da maneira de falar, como também de escutar, das outras pessoas. No caso das reações críticas, é aconselhável que o registro seja feito de forma concreta: o que foi dito e por que não agradou".

O risco de trabalhar com o "negativo" é que se pode criar uma postura defensiva, diminuindo a confiança.

Criar uma comissão de comunicação

Participante: "Já que decidimos investir na melhoria de nossa comunicação durante as discussões do grupo, proponho que as pessoas particularmente interessadas no tema formem uma comissão de comunicação. Seus membros poderiam reunir-se para que, em nossa próxima reunião, apresentem uma proposta que envolva determinados meios de análise e a possibilidade de modificação de nossos hábitos comunicacionais".

Abordagem centrada nos participantes para o recebimento de observações

Participante: "Eis a proposta da comissão de comunicação: se quiserem receber um feedback a respeito de seu estilo de comunicação, coloquem no papel uma pergunta específica. Por exemplo: 'Demoro muito para explicar meu ponto de vista?' Ou: 'Soo muito agressivo ou dogmático quando falo?' Ou: 'Deixo as pessoas entediadas?' Ou ainda: 'Pareço muito passivo ou indiferente?' Dois membros da comissão de comunicação podem assumir a função de observadores. Tomarão nota de como se comunica cada pessoa, baseando-se na pergunta específica que ela fez sobre si mesma. E, com dois pontos de vista distintos, ou seja, com dois observadores, o feedback será mais objetivo. A pergunta feita por cada pessoa deverá ser mantida em sigilo pelos observadores. A etapa final consiste em reservar algum tempo ao final de cada reunião para que todos aqueles que perguntaram algo recebam o feedback dos observadores".

Vale mencionar que os observadores não devem acompanhar mais do que quatro pessoas. Assim, se mais pessoas desejarem receber esse tipo de feedback, algumas delas terão de esperar até a reunião seguinte.

Abordagem centrada nos participantes para um feedback pessoal

Participante: "Esse método apresenta duas etapas. Antes de mais nada, quem gostaria de receber sugestões a respeito de como melhorar suas habilidades comunicativas? [Alguém se oferece.] Comecemos com o Paulo. Alguém tem alguma sugestão para ele – não uma crítica, mas uma sugestão positiva? Se você, Paulo, estiver de acordo com a sugestão, nós a escreveremos na lousa; se não, ela será descartada". (Paulo recebe duas ou três sugestões positivas, as aceita e elas são escritas na lousa.)

Na segunda fase, cada membro do grupo observará o comportamento de Paulo, fazendo anotações para registrar as ocasiões em que ele puser em prática as sugestões positivas que recebeu, e também os momentos em que não as levar em conta. Podemos repetir o mesmo procedimento com a observação de outras três pessoas. Dessa forma, quatro pessoas recebem um feedback ao final da reunião subsequente, enquanto os outros membros que também desejarem participar aguardam até a próxima reunião.

ESCLARECIMENTO

Os exemplos mostraram que receber um feedback é um privilégio, não um castigo. Essa constatação contraria nossa experiência escolar, já que o feedback proveniente de professores do ensino fundamental, médio e superior costuma ser negativo, vago, agressivo e, em geral, inútil. Um feedback útil pressupõe que as pessoas estejam interessadas nele! Eis algumas de suas características:

1. As observações são concretas (às vezes são anotadas, o que facilita a lembrança do que foi observado).
2. São feitas com ênfase nas sugestões positivas, em vez de se apresentar de forma agressiva.
3. O relato se dá com empatia.

Em muitos casos, um especialista pode ajudar o grupo a empreender uma mudança comunicativa, para que se aproxime da comunicação ecológica. Mas certos métodos de autoestudo e autoevolução (como os que foram descritos) podem continuar sendo utilizados ao final de treinamentos específicos, criando-se, assim, uma evolução permanente do grupo. Finalmente, os grupos que experimentarem esses métodos poderão publicar, em boletins, artigos nos quais descrevam os resultados. Dessa forma, outros grupos poderão ser estimulados a tentar melhorar seu estilo de comunicação.

PARTE II A EXPERIÊNCIA DOS GRUPOS COMUNITÁRIOS

POR QUE PARTICIPAR DE UM GRUPO VOLTADO À TRANSFORMAÇÃO SOCIAL?

OBJETIVO Entender a motivação que nos leva a dar esse importante passo.

EXPLICAÇÃO

Se nós limitarmos nossa compreensão a razões externas – "eu quero contribuir para uma transformação na sociedade" –, poderemos fracassar no que diz respeito à compreensão de nossas necessidades mais profundas.

Motivações externas

"O mundo está indo de mal a pior. Eu quero fazer alguma coisa para mudar isso."

"Quando leio os jornais fico frustrado. Se as pessoas continuarem sendo passivas, a situação vai piorar ainda mais."

Vivenciando um problema social

Mulheres – "Nós mulheres ainda somos tratadas como cidadãs de segunda classe."

Portadores de deficiência – "O fato de eu ter uma deficiência física não é motivo para ser excluído da sociedade".

Moradia – "Estou sendo despejado do meu apartamento: o proprietário quer vendê-lo, para lucrar mais, mas já vivo aqui há quinze anos!"

Imigrantes – "Por sermos imigrantes, nós temos nossa cultura e nosso orgulho. Como podemos mostrar nosso valor?"

Idade – "Se você já atingiu a velhice, vale lembrar que isso não significa que a vida acabou. Mas talvez seja necessário nos ajudarmos se quisermos que os outros nos ajudem."

Ar – "Não consigo mais caminhar pelas ruas por muito tempo. Meus olhos ardem e minha garganta fica irritada com a fumaça."

Bicicleta – "Eu poderia ir para o trabalho de bicicleta. Seria mais saudável, mais divertido e mais rápido! Mas com esse trânsito e sem uma ciclovia, seria também perigoso demais."

Necessidades pessoais

"Eu preciso de contato."

"Eu preciso de amizade."

"Estou muito solitário."

"Quero entender meu papel neste mundo."

"Sei que ficar vendo televisão não é a resposta. Todos em minha família estão procurando uma alternativa."

Nós temos muitas necessidades

"Eu sei que o meu desejo de participar de um grupo voltado à transformação social não se baseia numa única necessidade. Minha personalidade possui muitos aspectos, e espero que essa experiência satisfaça várias necessidades diferentes."

Como encontrar, em sua cidade, um grupo voltado à transformação social

Leia publicações especializadas.

Escreva para um grande grupo, por exemplo o WWF (World Wildlife Fund) ou o Greenpeace, e pergunte se eles têm uma filial ou algum representante em sua cidade.

Procure folhetos informativos em lugares relacionados ao tema: bibliotecas da área de ecologia, restaurantes vegetarianos, lojas de produtos naturais, academias de ioga, centros de saúde holística etc.

Pergunte aos amigos.

Pesquise na internet.

Esse grupo é o mais adequado para mim?

Pergunte a amigos e conhecidos o que acontece nas reuniões dos grupos dos quais eles participam.

Leia o material informativo desenvolvido por esses grupos.

Faça uma tentativa!

NOTA

Independentemente daquilo que as pessoas possam dizer sobre determinado grupo, apenas a sua experiência direta poderá determinar se a sua participação em tal grupo vale ou não a pena. Ouça a sua intuição. Todos nós temos necessidades específicas que estão relacionadas com a nossa personalidade individual. O melhor a fazer é ouvir nossa "voz interior".

INICIANDO SEU PRÓPRIO GRUPO

OBJETIVO Se você optar por organizar seu próprio grupo, estará dando início a uma longa aventura. Aqui vão algumas dicas.

Motivação pessoal: "Qual é meu interesse básico?"

Eu tenho uma necessidade básica, sendo que o melhor meio de atendê-la é encontrar outras pessoas que compartilhem o mesmo desejo:

- contar com um local de lazer para meus filhos;
- quando desempregado, conseguir ter uma vida feliz, mesmo com menos dinheiro;
- preservar os parques e as praças;
- criar uma associação de bairro;
- comprar alimentos naturais por preços mais acessíveis;
- criar um grupo voltado aos direitos dos adolescentes;
- criar um grupo de investigação, tendo em vista o uso que as instituições governamentais fazem do dinheiro público;
- criar um clube de torcedores de determinado time.

ESCLARECIMENTO

O objetivo não é apenas (e em alguns casos nem mesmo) "ter sucesso". A meta de cada participante deve ser desenvolver ao máximo o próprio potencial e o de outros – aprendendo, valorizando aquilo que é essencial, desfrutando a vida, mudando.

Faça sua primeira lista de contatos

Escreva os nomes das pessoas que, segundo você, poderão apoiá-lo (mesmo que essa pessoa não possa participar mais ativamente, ao menos poderá incentivá-lo). Entre em contato, visite-as, fale com elas, anote suas ideias. Levante nomes de "amigos de amigos" que possam estar interessados e procure-os.

Evite o excesso de críticas

Devem-se evitar, de qualquer forma, as pessoas que se dizem amigas mas passam o tempo todo fazendo críticas, levando-o a acreditar que seu objetivo nunca poderá ser alcançado. Críticas pesadas somente são úteis quando um projeto já está em fase avançada, rumo ao sucesso. E há alguns tipos de crítica que talvez nunca sejam úteis, salvo se vierem acompanhadas de alternativas realísticas que despertem seu interesse.

Dois cadernos de anotações

Agenda telefônica: A cada contato telefônico específico, uma anotação rápida: qualidade do contato, interesses específicos, grau de envolvimento, disponibilidade de tempo, habilidades oferecidas, outros contatos. Eis uma fala típica de alguém prestativo: "Eu sei de uma pessoa que pode se interessar. Vou ligar para ela e, se ela realmente se interessar, pedirei que entre em contato com você".

Caderno de ideias: Escreva frases curtas, que esclareçam o seu projeto. Isso o ajudará a levar suas ideias adiante e a preparar seus discursos e suas argumentações. Também contribuirá para que você seja lúcido e preciso ao se comunicar, em vez de vago e vacilante.

Contatos eletrônicos

Cadastre e-mails, preenchendo as fichas com todos os dados disponíveis e os mesmos detalhes sugeridos nos tópicos anteriores.

RESPONDENDO AO INTERESSE ESPECÍFICO DE CADA UM

OBJETIVO Queremos "encontrar" os outros, e não tentar dominá-los ou impor nossos pontos de vista. Ofereceremos nossas ideias, mas também os ouviremos.

EXPLICAÇÃO

É desejável que nos mantenhamos afinados com cada pessoa em particular. Isso mostra que não estamos apenas preocupados em obter êxito ou alcançar o objetivo principal, mas que desejamos reconhecer o outro: sua identidade, seus interesses, suas necessidades.

O interesse do outro

"Fico feliz por você ter vindo ao nosso primeiro encontro. Qual parte do projeto lhe interessa mais?"

Estimulando o envolvimento

"Você tem alguma ideia de como podemos organizar a primeira reunião de modo que ela realmente funcione?"

Participação mútua

"Precisamos ter certeza de que todos terão a oportunidade de explicitar seu ponto de vista."

Os amigos vão estar lá

"Algumas pessoas que você conhece já confirmaram presença: o João, o Fábio, a Mariana; o Lucas talvez vá também. Quando eu disse que chamaria você, eles disseram que gostariam muito de vê-la."

Pessoas novas

"Muitas pessoas agradáveis e abertas virão. Talvez você não as conheça, mas creio que vai gostar de conhecê-las."

Se desta vez não der, quem sabe na próxima?

"Tudo bem, eu entendo. Você gostaria que eu entrasse em contato com você quando marcarmos a próxima reunião?"

A PRIMEIRA REUNIÃO: A MAGIA DA LUA DE MEL

EXPLICAÇÃO

Um "primeiro encontro" deve ficar para sempre marcado na memória das pessoas. Há o entusiasmo com "algo novo", há esperança. Um dos organizadores deve abrir a reunião. Se algumas ideias básicas já constarem do mural, ele deverá ser breve e claro, deixando que a maior parte do tempo seja utilizada pelos participantes. Assim, a comunicação ecológica se fará presente desde o primeiro momento.

Uma recepção cordial, apresentações

O organizador e seus amigos podem atuar também como recepcionistas acolhedores. Cada indivíduo que entrar no recinto receberá uma saudação pessoal. "Bom dia e bem-vindo! Você já conhece todo mundo? Quer que eu o apresente?"

Sentando em círculo

"Vamos colocar as cadeiras em círculo. Dessa forma, todos poderão ver todos." Se houver mais do que quinze pessoas, talvez seja necessário fazer duas ou três fileiras. Alternativa: um círculo grande.

O organizador diz algumas palavras

"Eu gostaria de falar um pouco sobre o que me levou a contatar todos vocês para esta reunião." Essa fala não deve durar mais do que cinco minutos, dez no máximo (os cartazes informativos, anteriormente preparados e afixados no mural, manterão as ideias essenciais à vista).

Só cinco minutos? De fato, o organizador não terá como falar de todo o processo de planejamento, de todos os sentimentos aflorados nesse período, de todas as suas reflexões e esperanças em apenas cinco minutos. Mas cinco minutos de compartilhamento são suficientes para que as pessoas saibam quem ele é. Na verdade, essa é a questão mais importante. À medida que as pessoas falam, elas revelam quem são. E é esse aspecto o responsável por criar a magia e a vitalidade do primeiro encontro. Aqueles que desejam saber mais uns dos outros, e também aqueles que querem dizer mais coisas, terão tempo suficiente para isso no futuro. Por trás da contribuição de cada um encontra-se a questão essencial, como acontece com duas pessoas apaixonadas: "Essa pessoa vai permanecer aqui? Ela vai se comprometer de verdade? Quem realmente está pronto para abrir mão de parte de seu precioso tempo em favor desse particular interesse e desse particular grupo de pessoas?"

Desde o início, a presença do facilitador

O ideal é contar com um facilitador desde o primeiro momento, para assegurar que a discussão mantenha o foco, para pedir às pessoas que apresentem suas opiniões como opiniões (e não como verdades absolutas), para garantir que outros também possam falar, para evitar que julgamentos negativos sejam emitidos etc. A tendência natural é que o próprio organizador assuma esse papel. Mas se um amigo, conhecido ou um novo participante demonstrar essa habilidade especial, também poderá assumir o cargo.

Abrindo o coração

"Por que você veio?"; "O que você gostaria de compartilhar?"; "Você já enfrentou, pessoalmente, problemas relacionados com essa questão?"
Algumas pessoas falarão com base em sua experiência concreta; outras, baseadas em princípios espirituais e filosóficos; e outras se pautarão pelo ponto de vista do raciocínio econômico ou da análise psicológica. Alguns falarão com paixão, outros de forma friamente lógica. Alguns falarão rapidamente e com segurança, enquanto outros (se o facilitador for eficiente) correrão o risco de se revelar, apesar de suas palavras serem vacilantes e de parecerem envergonhados.

O que o organizador aprende?

1. Quem são essas pessoas? Num mundo de passividade, apatia, cinismo e anonimato, o que as levou a decidirem participar de uma reunião para que discutam uma situação de relevância pessoal ou social?
2. Que experiências e que pontos de vista possuem essas pessoas em relação a esse problema particular? É um problema tão particular que levou à organização, à custa de muito tempo e esforço, desta primeira reunião, envolvendo um projeto que, espera-se, terá continuidade.

3. O que me frustra e me entristece? Que as pessoas não pensem exatamente como eu? Que outros não estejam dispostos a se engajarem num projeto que eu vejo como crucial? Com essas indagações, posso aprender algo a respeito de mim mesmo, a respeito de meus limites.
4. Quais dessas pessoas vão permanecer, de fato, aqui? Não por uma ou duas reuniões, mas por meses? Talvez permaneçam por anos, tornando-se parte de um "grupo nuclear", se o projeto realmente der certo.

Todos no mesmo barco

As pessoas que estão "no mesmo barco", ou seja, que vivenciam o mesmo problema, podem falar com liberdade, de forma pessoal, sem julgamentos, encontrando um clima de acolhimento. Esse é o segredo do primeiro encontro.

ALMAS GÊMEAS

Por que esse primeiro encontro é chamado de "lua de mel"? Para algumas pessoas, ele representa o início de um longo relacionamento. Conhecidos, amigos de amigos, pessoas que nunca se viram antes encontram uma linguagem comum, uma preocupação comum e, em um nível mais profundo, uma alma comum. Essa experiência é revigorante: a liberdade de expressão que reúne almas gêmeas. Aqueles que notarem o estabelecimento de uma rede de comunhão poderão dizer a si mesmos: "Não tinha percebido que outros poderiam ter a mesma preocupação que eu!

Achava que estava sozinho, que meus medos e minhas esperanças eram só meus, e de repente encontro pessoas que afirmam as mesmas coisas que eu venho pensando há tempos, mas que nunca me arrisquei a dizer a ninguém". Entre algumas pessoas (e raramente entre todos os membros do grupo) ocorre harmonia perfeita. O encontro se transforma num profundo compartilhamento. Os organizadores subitamente descobrem os outros e a si mesmos, assim como as razões mais profundas, com as quais não tinham atinado antes, que os levaram a empregar tanto esforço para organizar o encontro. O objetivo se torna cada vez mais claro a cada testemunho.

OS TESTEMUNHOS

Nem todo primeiro encontro de um grupo chega a alcançar esse nível especial de compartilhamento. Para que isso ocorra, é preciso que o facilitador tenha uma postura sensível e alerta, que os organizadores falem como seres humanos, e não como meros agitadores de massas, que as pessoas se harmonizem, graças às ofertas espontâneas recíprocas. Também devem-se manter em mente os seguintes princípios: não falar demais, não agredir, não pressionar os outros para que concordem com suas ideias.

Antes que a reunião termine: nomes, contatos e a data do próximo encontro

Antes que a reunião termine, é recomendável que a data, a hora e o local da próxima reunião já constem do mural (a memória visual é importante: à medida que os pensamentos das pessoas vagueiam, o que está escrito no mural vai penetrando o inconsciente).

Inclua no mural a frase: "Convide os amigos!"

Outra sugestão interessante é fazer circular, durante a reunião, um questionário, contendo os seguintes itens: nome, endereço, número de telefone, e-mail. (Se for o caso, incluir também o item "interesses especiais".)

Tempo para contatos pessoais ao final da reunião

A reunião não deve terminar muito tarde. Um momento de contato pessoal, após o encerramento da discussão formal, pode ser muito proveitoso. Aliás, não se surpreenda caso surjam duplas ou pequenos grupos que fiquem conversando até mais tarde. Isso pode ser interpretado como uma prova de que a motivação que levou as pessoas a comparecer ao encontro em questão não se limita apenas à meta objetiva, mas também envolve a oportunidade de estabelecer contatos pessoais. Nossa sociedade oferece poucas chances de encontrarmos "almas gêmeas"; por isso, várias pessoas darão muito valor a essa oportunidade.

PARTE III **POR QUE A SOCIEDADE PRECISA DE GRUPOS COMUNITÁRIOS PELA TRANSFORMAÇÃO SOCIAL**

DOS GRUPOS HIERÁRQUICOS AOS GRUPOS COMUNITÁRIOS

Tradicionalmente, temos deixado que os líderes decidam por nós. Isso tem sido bom? Neste momento, temos diante de nós problemas como a superpopulação, a fome, a poluição, o desequilíbrio ecológico, a guerra nuclear, ameaças que parecem se tornar maiores a cada dia. Será que o século XXI será o último para a vida humana?

Este livro foi escrito tendo em vista um desafio. Ao longo da história, os líderes têm tomado as decisões vitais, e muitos de nós temos sido, em geral, seguidores passivos, em vez de participantes ativos. Podemos chamar esse período de "patriarcal". Será que algum dia seremos capazes de mudar esse panorama? Ou seja, será que vamos conseguir tomar de fato as rédeas de nosso destino? Para isso, precisaríamos nos unir e agir em conjunto: participação mútua nas discussões, no processo decisório e na concretização de um plano, promovida por grupos de seis a quinze pessoas, que nós chamamos "grupos comunitários".

OS GRUPOS COMUNITÁRIOS COM PARTICIPAÇÃO MÚTUA PODEM INFLUENCIAR A HIERARQUIA

Nosso primeiro passo é encontrar outras pessoas que, como nós, se sintam motivadas a tomar conta do próprio destino. Com esse apoio, podemos formar grupos comunitários que contem com a participação de todos os membros nas discussões e decisões. Assim, não mais nos sentiremos imobilizados e impotentes.

Os grupos comunitários podem satisfazer nossas necessidades pessoais e, ao mesmo tempo, dar-nos a chance de promover uma transformação social. Mas como podemos agir em uníssono se nossas diferenças nos impulsionam para diferentes direções? Essa é a principal questão que a comunicação ecológica procura enfrentar.

Nos grupos hierárquicos, as decisões são tomadas pela cúpula da estrutura de poder, ou seja, pelo líder ou chefe, que dá ordens aos subordinados. Os grupos hierárquicos correspondem ao padrão patriarcal que domina a sociedade hoje. Na realidade, o patriarcado ("o pai decide, ele sabe o que é melhor") tem dominado as civilizações desde o alvorecer da humanidade. Ao estabelecermos grupos participativos, estamos iniciando uma nova forma de evolução social, na qual todos podem ter papel mais ativo.

Acreditou-se que a democracia poderia promover essa forma de evolução social. No entanto, a votação anual se tornou insuficiente, num mundo em que os políticos mantêm-se diariamente sob a mira de grupos de pressão (ou *lobbies*). Enquanto esses grupos de pressão representam forças econômicas organizadas, como ocorre com o *lobby* comercial ou o militar, o cidadão médio pertence ao que se chama de "grupo latente sem poder". Os grupos comunitários, formados graças à iniciativa dos cidadãos, buscam transformar nossa democracia negativa em uma democracia positiva.

Por que temos essa necessidade tão grande de grupos comunitários no mundo de hoje? Há algum tempo, o mundo era bem diferente: a espécie humana ainda não havia devastado o planeta. Contudo, o poder patriarcal, com sua hierarquia autoritária, provocou um rápido crescimento da produção material, sendo que essa expansão material foi muito além dos seus limites. A quantidade matou a qualidade. Nossa dependência do governo central, de companhias multinacionais, de grandes instituições, que já é enorme, aumenta ainda mais. Num período muito curto, um condutor autoritário – "o líder toma as decisões" – poderia tirar dos trilhos nossa aldeia global em expansão.

A ENCRUZILHADA: REGULAÇÃO POR MEIO DE FEEDBACK OU CRESCIMENTO DESCONTROLADO

O princípio da retroalimentação (feedback) estabelece que os seres vivos devem estar abertos às mensagens regulatórias que provêm do seu ambiente natural.

Nos anos 1970, o movimento feminista transmitiu aos homens a mensagem: "Tornem-se receptivos, ouçam!" Agora, o movimento ecológico e o movimento pela paz pregam o mesmo: "Hoje, mais do que nunca, devemos escutar!"

Talvez essa mensagem não fosse tão urgente no passado. Quando aldeias e cidades eram esparsamente povoadas e encontravam-se separadas por limites naturais – montanhas, vales, florestas e rios –, as comunidades eram autossuficientes. Naquela época, a área natural ainda eclipsava as construções humanas. Era uma fase de crescimento humano lento. As mensagens regulatórias do ambiente ainda não eram essenciais para a sobrevivência.

Com a Revolução Industrial, entretanto, adentramos uma fase de crescimento acelerado da humanidade, e agora esse crescimento assume proporções desastrosas. As mensagens retroalimentadoras surgem na forma de poluição, fome, acidentes nucleares, esgotamento dos recursos energéticos, superpopulação, enfermidades incontroláveis, mudanças climáticas catastróficas. Todavia, os representantes do poder público parecem não ouvir esses sinais de alerta, uma vez que não estão enfrentando os problemas de acordo com uma perspectiva racional. Por exemplo, a população humana, já sobrecarregada, está acabando com os estoques energéticos de carvão, gás e petróleo, que levaram milhões de anos para ser constituídos. Ou seja, seguimos desperdiçando os tesouros naturais.

No mundo patriarcal, o lema é "Os negócios em primeiro lugar!" Aumente os lucros, expanda os mercados e acelere a produção. Há muito tempo presenciamos um crescimento constante do produto nacional bruto, com relativo desperdício de recursos e de energia, sem que as consequências a longo prazo sejam examinadas. As mensagens retroalimentadoras indicativas de crise devem começar a chegar mais rápida e fortemente do que nunca. Uma vez atingido determinado limite, são iniciadas as reações em cadeia, catástrofe após catástrofe.

O tecido humano está crescendo tão rapidamente (como ocorre com as células cancerosas) que o desejo de expansão se torna uma loucura. Enquanto uma criança grita "Quero mais!", o adulto é capaz de enxergar os efeitos a longo prazo. A espécie humana ainda está se expandindo no estilo infantil, portanto resta a pergunta: "O bebê vai conseguir crescer antes que seja tarde demais?"

A história das renas (um caso verídico)

Em determinada ocasião, vinte renas foram levadas para uma ilha na região do Alasca. A terra era fértil e o líquen abundante, o que permitiu um rápido crescimento dessa população. Em poucos anos, já somavam trezentas renas. Alguns anos mais tarde, já eram setecentas. Porém, a quantidade de líquen foi diminuindo, de tal forma que as renas começaram a comer até mesmo as raízes das plantas. Então, a maioria das renas morreu de fome, e após um ano restaram menos de vinte. Em outras palavras, o número de renas sobreviventes tornou-se menor que o número de animais levados para a ilha originalmente. Estamos caminhando para o mesmo fim?

Não há ninguém aqui?

Eu gosto da companhia!

Eles não estavam aqui no ano passado...

Ô-ou!

Nossa!

Neste momento, a população mundial ultrapassa os seis bilhões de pessoas, e o espaço, a energia e os recursos estão se esgotando. O que aconteceu com as mensagens de feedback que têm como objetivo alertar os organismos vivos, evitando que ultrapassem os limites e tenham de arcar com consequências catastróficas? Nenhum indivíduo inteligente se colocaria em uma situação tão difícil. Logo, o fato de que a civilização humana tem sido menos inteligente que o ser humano, considerado individualmente, em termos de planejamento para a sobrevivência constitui outra prova contra o nosso sistema de autoridade cega e passividade popular.

O FEEDBACK CONDICIONA O PROCESSO DECISÓRIO DOS GRUPOS COMUNITÁRIOS

A comunicação ecológica propõe uma nova evolução: os grupos hierárquicos tradicionais, com base em decisões da cúpula, podem evoluir de modo que se aproximem do sistema empregado pelos grupos comunitários, ou seja, a tomada de decisões coletiva. O feedback, nesse caso, provém de todos os membros.

Todas as principais ações são discutidas e decididas pelos membros do grupo como um todo. Vale mencionar que esse esquema poderia mudar nossas instituições. Por exemplo, as crianças participariam junto com os professores das decisões a respeito do conteúdo programático escolar. Os pacientes participariam, junto com os médicos e com a equipe de saúde, da definição do projeto hospitalar. Os trabalhadores decidiriam, junto com a gerência, o "o que, como e quando" da produção. Os beneficiários da seguridade social participariam das decisões que envolvem as formas de emprego do dinheiro arrecadado. Os prisioneiros participariam das decisões acerca do modo de organização da prisão. E os filhos participariam do processo decisório familiar.

O ponto essencial é que o controle autoritário, feito por um líder único (chefe, juiz, presidente, pai) não se presta a situações complexas. Num grupo de participação mútua, ao contrário, o feedback é fornecido por todos os envolvidos na decisão: tanto aqueles que a executam como os que sofrem seu impacto.

A DEPENDÊNCIA DA AUTORIDADE

Devemos nos perguntar, no entanto, se somos de fato capazes de reduzir nossa dependência das estruturas autoritárias tradicionais e da forma limitada de pensar associada a elas ("um lado tem razão e o outro não"). Algumas noções que permeiam inúmeros aspectos de nossa cultura são sinais de dependência da autoridade:

- "O líder tem todas as respostas."
- "Aqueles que estão no governo possuem informações e capacidades que nós não temos e nunca teremos."
- "O pai sabe o que é melhor."
- "O profissional – o médico, por exemplo – deve assumir a responsabilidade por seu cliente."
- "O professor é quem sabe o que o estudante deve aprender."
- "O supervisor tem mais habilidade que o operário."

É inútil reclamar das injustiças cometidas pelas autoridades. A comunicação ecológica implica aprender a agir eficientemente no contexto de pequenos grupos, face a face. O objetivo deste livro é indicar as habilidades que precisamos dominar para nos comunicarmos de forma eficaz como participantes de grupos comunitários.

CONFRONTO ENTRE VANTAGENS E DESVANTAGENS DOS GRUPOS HIERÁRQUICOS E DOS GRUPOS COMUNITÁRIOS

Os grupos hierárquicos (centralizados) e comunitários (descentralizados) podem ser comparados em termos de suas respectivas vantagens e desvantagens. Os quadros a seguir oferecem uma síntese desse confronto.

Os princípios apresentados não devem ser tomados como absolutos, mas como tendências que se manifestam frequentemente nos grupos hierárquicos e comunitários.

Comparação entre as vantagens dos grupos hierárquicos e as vantagens dos grupos comunitários

Vantagens dos grupos hierárquicos	Vantagens dos grupos comunitários
Rapidez e eficiência do processo decisório.	Complexidade e longo alcance do processo decisório.
Simplicidade das decisões tomadas.	Multiplicidade de perspectivas integradas à decisão final.
Possibilidade de evitar discussões dispersivas.	Estímulo à expressão individual.
Maior prestígio da autoridade.	Prestígio de todos os participantes.
Redução do conflito aberto entre grupos.	Maior uso dos talentos individuais.
Controle da rivalidade entre os membros.	Maior intercâmbio de cordialidade e afeto.
Identificação com o grupo baseada no prestígio da autoridade e no poder do grupo.	Identificação com o grupo baseada na troca interpessoal.
Sensação de segurança baseada na confiança na autoridade.	Sensação de segurança baseada na confiança no grupo como um todo.
Clareza na definição dos papéis e na separação das responsabilidades, o que assegura a realização das tarefas, com supervisão bem definida.	Coexistência da definição dos papéis com o compartilhamento destes, o que permite a cooperação e consultas frequentes.
Continuidade assegurada do projeto.	Crescente feedback, que influencia a futura programação.

Comparação entre as desvantagens dos grupos hierárquicos e as desvantagens dos grupos comunitários

Desvantagens dos grupos hierárquicos	Desvantagens dos grupos comunitários
Decisões impulsivas.	A ineficiência do processo decisório impede a ação imediata e reduz o tempo à disposição dos integrantes para colocar em prática as decisões.
As decisões tomadas não levam em conta informações pertinentes.	O processo decisório fica sobrecarregado, graças às diferentes modalidades de ação ou de interpretação envolvidas.
Decisões originais e criativas não são consideradas.	"Árvores ocultam bosques", ou seja, o debate de diferentes opiniões impede a visão do objetivo global.
O comportamento é guiado pelo medo e por uma obediência cega, em detrimento das considerações reflexivas e iniciativas pessoais.	O sentimento de fusão leva os membros a ostentarem magnificência, e o medo faz que se prostrem de maneira conformista.
Diferenças não reconhecidas emergem sucessivamente, interferindo no funcionamento do grupo.	Pessoas sem experiência assumem papéis para os quais não estão preparadas.
Competitividade oculta que gera desconfiança.	Formam-se subgrupos que excluem outros e causam ressentimentos.
A autoconfiança dos participantes é reduzida.	A importância das relações pessoais sobrepõe-se à necessidade de concretização do projeto grupal.
A capacidade de avaliar criticamente as ações das autoridades é reduzida.	A capacidade de avaliar criticamente os métodos e os objetivos do grupo é reduzida.
O enrijecimento dos papéis reduz a possibilidade de haver feedback e cooperação entre os integrantes.	A falta de definição clara quanto às responsabilidades leva à não responsabilidade pelo cumprimento das tarefas.
O projeto permanece sempre igual, em vez de seguir as mudanças de condições.	A falta de perspectiva após o feedback conduz a mudanças irracionais e frequentes, que debilitam a continuidade da ação grupal.

PASSAGEM DOS PROCESSOS GRUPAIS PURAMENTE HIERÁRQUICOS PARA OS PURAMENTE COMUNITÁRIOS

1. Hierarquia pura

O líder toma as decisões. Não há nenhum feedback por parte dos subordinados e nenhuma comunicação entre eles.

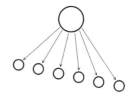

2. Hierarquia modificada

O líder aceita comunicações retroalimentadoras por parte dos subordinados, apesar de ainda definir todos os direcionamentos.

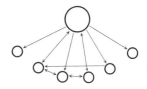

3. Misto de hierarquia e participação mútua

O líder toma a maior parte das decisões e aceita feedbacks por parte de quase todos os membros. Há um grau moderado de comunicação entre estes últimos.

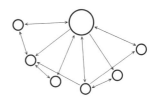

4. Participação mútua modificada

O líder-facilitador compartilha o processo decisório com o grupo. Há comunicação plena entre todos.

5. Pura participação mútua

O facilitador só coordena a comunicação. Os membros do grupo elaboram todas as propostas e tomam todas as decisões.

A comunicação ecológica não propõe uma passagem imediata para a participação "pura". Os benefícios práticos dos grupos hierárquicos devem ser respeitados. O que é proposto é que se passe de uma tradição predominantemente hierárquica para uma combinação mais feliz dos dois sistemas. A transição em direção à comunicação ecológica pode ocorrer no que diz respeito: à vida privada (vida familiar e círculo de amizades); à vida pública (educação e trabalho) e à expansão de grupos comunitários voltados à transformação social (que envolvem temas como ecologia, busca da paz, defesa das mulheres, proteção ao consumidor etc.), além dos diversos grupos que representam minorias oprimidas, como idosos, deficientes, enfermos, presidiários, desempregados, minorias étnicas etc. Esses grupos comunitários têm em comum um objetivo global: criar uma sociedade mais justa e igualitária, em que o poder de decisão seja compartilhado, especialmente com as pessoas que sofrem o impacto das decisões de larga escala da sociedade. Os grupos comunitários voltados à transformação social podem se tornar campos de provas da comunicação ecológica.

OS GRUPOS COMUNITÁRIOS PODEM DESENCADEAR A NOVA EVOLUÇÃO ECOLÓGICA?

UMA HIPÓTESE SIMPLES: TODOS PARTICIPAM

O que é uma "transformação social ecológica"? Oferecemos uma hipótese simples: a transformação social obtida como fruto do emprego de recursos humanos. Todos podem participar.

A hierarquia centralizada, que toma todas as decisões políticas mais importantes, não será destituída por uma revolução violenta. Mas esse poder centralizado pode ser modificado e moldado pelos grupos comunitários voltados à transformação social, cujos interesses são: ecologia, paz, mulheres, consumidores, autoajuda, minorias, adolescentes etc., em busca do pensamento a longo prazo e da compreensão global.

Qual o objetivo final? Desenvolver nossas potencialidades humanas – pessoais, organizacionais, comunicativas, criativas, cooperativas – em grupos nos quais todos conhecem todos, e em que todas as pessoas podem contribuir para as principais decisões.

Para atingir esse objetivo, precisamos desenvolver algumas habilidades especiais relacionadas à comunicação ecológica, como respeitar, ao mesmo tempo, nossas necessidades pessoais, as necessidades das outras pessoas e as necessidades do grupo (respeitar simultaneamente as "partes" e o "todo"); expressar as próprias necessidades com clareza e de forma sucinta; e manter o foco nos objetivos do grupo. Em linguagem agrícola, seria como se o arado da comunicação pessoal devesse seguir a linha ondulada da colina e nos conduzir ao horizonte.

E qual é esse horizonte? Um mundo da natureza, em que os frutos do homem sirvam para semear a terra em vez de privá-la de sua força. É evidente – tanto quanto o brilho do sol – que o petróleo e o carvão não deveriam ser consumidos numa única noite (e, em termos ecológicos, milhares de anos são muito menos que uma noite). É evidente – tanto quanto a correnteza do rio – que devemos beber a água pura, e não poluí-la. É evidente – tanto quanto a importância do ar para a nossa respiração – que não deveríamos impregnar esse ar de fumaças tóxicas que nos sufocam e turvam o céu.

Tudo isso é muito evidente, mas as providências necessárias não estão sendo tomadas e a situação está piorando! Independentemente de a guerra ser nuclear ou convencional, de a fome ser de alimento ou de simples contato e solidariedade, de a evolução da curva populacional acontecer em progressão geométrica ou aritmética, todos nós sabemos que algo precisa ser feito, mas ninguém sabe o que fazer.

Nossa esperança: a comunicação ecológica. Deixemos que nossos recursos floresçam. Quando atingirmos a meta – a união –, cultivemos a linguagem do respeito. Se o objetivo for estendido a uma atuação em benefício de uma causa comum, sememos uma linguagem rigorosa – "Quem vai fazer o quê, quando, onde e como?" – para uma colheita efetiva. O respeito ao passado e a eficiência não foram características dos encontros informais do passado.

Este livro, que trata de um "método", foi escrito para grupos pela transformação social. Mas, se lermos as entrelinhas dos conceitos apresentados, poderemos identificar princípios universais.

Como podemos aplicar a prática da comunicação ecológica à nossa vida cotidiana? Os princípios descritos podem ser empregados no trabalho, na escola, na família e entre amigos. Toda vez que houver duas ou mais pessoas reunidas, haverá também a possibilidade de uma colaboração. Muitas das tarefas da vida – relacionadas a educação, trabalho, amor, saúde – podem ser mais bem desempenhadas se realizadas em colaboração com outros. E há também a alegria de empreender uma ação em conjunto, que pode se tornar uma aventura.

POR QUE GRUPOS COMUNITÁRIOS PELA TRANSFORMAÇÃO SOCIAL?

No capítulo anterior propusemos que os desastres atuais – guerra, fome, superpopulação, destruição das florestas, poluição das águas, alto índice de toxicidade na atmosfera, a miséria crescente dos "sem nada" e o futuro sombrio dos que têm algo – devem-se ao Pai Poder.

Trata-se de uma metáfora do poder autoritário, ou seja, do poder de autoridades centralizadoras e hierárquicas, que tomam as decisões e ficam com os principais lucros. Só que mesmo o rico capitalista tem de respirar, beber água pura e dispor de calor durante o inverno, sendo que essas conveniências "naturais" estão em risco para todos.

Contudo, nosso discurso não é contra os capitalistas (nesse ponto o pensamento ecológico difere das análises sociais do passado, propondo que se dê um passo atrás em busca de perspectiva e um passo adiante para que a ação seja empreendida). Nós não somos contra a existência de dirigentes, chefes, presidentes, gerentes, diretores, políticos ou generais! Esses papéis representam a força centralizada da sociedade, e, se outros os substituírem, não haverá garantia de um comportamento mais sábio ou responsável. Mas, sem dúvida, somos contra a maneira como têm agido essas pessoas. No entanto, apenas reclamar é desperdício de tempo. Até que a base da população se organize para uma discussão e uma ação efetivas, a mera queixa em relação à estrutura de poder centralizada e hierárquica continuará sendo uma distração inútil.

Precisamos concentrar nossa energia em nós mesmos. Nós, o povo – incluindo os leitores deste livro – não temos atuado em uníssono com irmãos, amigos, colegas, companheiros de trabalho e de grupo para mudar as decisões da hierarquia central. Nós somos muito mais numerosos e (potencialmente) mais poderosos, mais inteligentes, mais criativos e mais justos do que os representantes do poder que detêm as posições máximas de responsabilidade social. Mas não temos nos encontrado nem agido com unidade efetiva. Quem, então, merece nossas críticas? Nós mesmos!

Esse argumento é muito diferente daqueles do passado, sendo potencialmente – apenas potencialmente – muito poderoso. É poderoso porque afirma que **o potencial de transformação começa conosco**, em nossos grupos comunitários.

Uma analogia

Pense no pobre cavalo que ara o campo, conduzido pelo lavrador. As pessoas são o cavalo, e o presidente o lavrador? Talvez seja exatamente o contrário: as autoridades centrais podem ser, de fato, o cavalo, que seria conduzido pelo lavrador/ operário/ estudante/ dona de casa/ adolescente/ membro de uma minoria. O lavrador, entretanto, ainda não conseguiu empregar seu potencial para seguir as ondulações da colina, que levam ao horizonte.

Este livro foi escrito com a consciência de que as pessoas, mais do que nunca, desejam arar em direção ao horizonte.

CONCLUSÃO:
A DROGA QUE REFORÇA A PASSIVIDADE SOCIAL

Permita-me, contudo, que encerre este livro não com pessimismo, mas com um olhar realístico e impiedoso. O que vê esse olhar impiedoso? Uma droga! Sim, o maior obstáculo, hoje, para a criação, o crescimento e a expansão dos grupos voltados à transformação social é uma droga. Qual droga? Não me refiro à heroína, nem à maconha, nem à cocaína. Refiro-me à droga mais difundida da civilização moderna. Sobre ela, foi escrito um livro com o título *La droga "Inserisci la spina!"*. Sim, estou falando sobre a droga que substitui a associação humana, uma droga que impede os indivíduos de saírem de casa para encontrar outros pessoas e de criarem associações em prol da mudança na educação, na cultura e na política. E não acredito que este livro, ou qualquer gesto simples, possa dar grande contribuição para a luta contra esse "inimigo" da solidariedade humana e da transformação social: a televisão.

A pesquisa tecnológica já anuncia a possibilidade de assistirmos programas de cem diferentes canais televisivos. Se às associações locais fosse dada a oportunidade de oferecer programas capazes de elevar a consciência do público e sua capacidade de ação, a televisão poderia – nesse mundo utópico – nos unir, em vez de nos separar, como acontece agora.

APÊNDICE I **O QUE SE ENTENDE POR GRUPOS COMUNITÁRIOS PELA TRANSFORMAÇÃO SOCIAL**

Os exemplos deste manual têm base em diversos tipos de grupos pela transformação social, que envolvem temas como: ecologia, paz, minorias etc. Mas o significado de "grupos comunitários" é ainda mais amplo: são grupos nos quais a iniciativa, o planejamento e a execução derivam do conjunto dos membros. Assim, podemos incluir nesse conceito grupos cujo objetivo é a autoajuda: compartilhamento da tarefa de cuidar de crianças, transporte compartilhado, compra coletiva de alimentos com custos mais baixos etc. (esses são grupos de autoajuda "material", embora todo grupo conte também com o elemento humano).

Há também os grupos comunitários voltados à autoajuda psicológica: grupos que ajudam as pessoas a superar a solidão, a depressão, as fobias, o vício em drogas, o alcoolismo, o tabagismo e a obesidade, além de grupos cujos membros lidam com condições especiais – pais de crianças com leucemia, pessoas mastectomizadas, portadores de deficiências físicas, diabetes, câncer etc. Já existem vários desses grupos; agora a questão é: como expandir suas potencialidades, obter maior apoio governamental e criar subgrupos locais? Todos esses grupos são chamados de "grupos comunitários pela transformação social".

"Transformação social" significa, por um lado, transformar o mundo socioeconômico exterior à nossa esfera imediata de influência pessoal: o governo da cidade, instituições, estruturas econômicas, o governo nacional. Mas "transformação social" também significa promover alterações em nosso círculo de contatos sociais: amigos, conhecidos, colegas etc.

Os grupos que são primariamente voltados à transformação do mundo social imediato de seus membros podem ampliar seu escopo e incluir a preocupação com instituições sociais que influenciem sua situação. Por exemplo: uma associação de pessoas portadoras de deficiência, que fornece ajuda direta a seus membros (o mundo social imediato), decide assumir outros projetos, com um escopo social mais amplo – criar formas de pressionar legisladores, organizar congressos, fazer contato com o governo e propor leis que expandam os direitos e as oportunidades dos deficientes. Esses direitos e oportunidades compreendem novas possibilidades de trabalho, transporte subsidiado pelo governo, locais de reunião em escolas e hospitais, apoio para publicações específicas, suporte material – como a instalação de sanitários planejados especialmente para pessoas deficientes em edifícios públicos ou a inserção de rampas nas calçadas, permitindo que os cadeirantes cruzem as ruas sem que precisem da ajuda de outros.

Qualquer grupo voltado à transformação material ou psicológica do mundo social pessoal poderá encetar projetos que criem, também, impacto no mundo social público: um grupo familiar uniparental poderá lutar pela ampliação do número de creches ou escolas com equipamento adequado e pessoal especializado para que recebam crianças entre 3 e 5 anos de idade; um grupo de pessoas que moram sozinhas poderá tentar mudar as leis tributárias que as penalizam.

OFERTA GRATUITA DE LOCAIS DE ENCONTRO E DE ESPAÇOS PUBLICITÁRIOS NAS PAREDES

Todos os grupos voltados à transformação social podem defender a criação de leis que ofereçam apoio para que os grupos comunitários organizem reuniões e aumentem seu número de membros e a quantidade de informações fornecidas ao público. Essas novas leis ajudariam a constituir verdadeiros movimentos comunitários com base na iniciativa popular, com:

a) locais de encontro em escolas, bibliotecas e outros edifícios públicos;
b) espaço livre em murais públicos de propaganda (para que a publicidade privada deixe de dominar os locais públicos);
c) apoio em relação à comunicação: boletins, revistas, tempo no rádio etc.

Em suma, grupos comunitários ou grupos voltados à transformação social representam um avanço cultural em todos os níveis da existência: pessoal, comunal, regional, nacional e internacional.

GRUPOS VOLTADOS À TRANSFORMAÇÃO SOCIAL: NECESSIDADES PESSOAIS

Problema/anseio	Grupo
Gastar muito dinheiro.	Grupo "Viver com menos dinheiro".
Sentir-se emocionalmente perturbado.	Grupo de autoajuda.
Solidão.	Grupo autodirigido de feedback pessoal.
Insatisfação no relacionamento conjugal.	Grupo "Novos recursos para casais".
Infelicidade no trabalho.	Grupo de busca de trabalhos significativos.
Perda recente de emprego.	Grupo de apoio a desempregados.
Risco de falência da empresa para a qual se trabalha.	Grupo de recolocação de trabalhadores.
Permanecer o dia todo sentado ao trabalhar.	Grupo de exercícios diários (praticados durante o expediente).
Necessidade de uma babá.	Grupo de pais que fazem rodízio para cuidar das crianças.
Deficiências educacionais da escola do filho.	Grupo pela melhoria da educação infantil.
Necessidade de ajuda para criar os filhos.	Grupo autodirigido de orientação de pais.
Sentir-se sufocado pela cidade.	Grupo "Alugue uma casa de campo durante os fins de semana".
Sentir-se isolado de outras famílias.	Rede de famílias.
Desejo de convivência.	Grupo para a criação de uma comunidade.
Problemas sexuais.	Grupo que visa ao autoconhecimento corporal.
Indignação pelo fato de os homens agredirem fisicamente e humilharem as mulheres.	Centro de defesa de mulheres agredidas fisicamente.
Sofrimento por trauma emocional devido a separação conjugal ou divórcio.	Grupo de separados.
(Para mulheres) Desejar se aproximar de outras mulheres.	Grupo de liberação feminina.
(Para homens) Desejar se aproximar de outros homens.	Grupo de ampliação da consciência masculina.
Desejo de compartilhar experiências e ideias com colegas.	Associação profissional independente.

(continua)

Problema/ anseio	Grupo
Desejo de escrever artigos, junto com outras pessoas, a respeito de uma nova especialidade.	Grupo que visa à criação de uma revista.
Desejo de aprender ou ensinar uma nova modalidade artesanal.	Grupo artesanal autodirigido.
Desejo de construir a própria casa.	Grupo pela construção da casa própria.
Ter de criar os filhos sozinho.	Grupo de famílias uniparentais.
Crianças infelizes em casa.	Grupo de crianças com necessidade de atenção.
Crianças infelizes na escola.	Grupo de crianças em busca de uma educação real.
Ter um cônjuge sempre ausente.	Grupo de cônjuges que costumam permanecer sozinhos em casa.
Ter um filho com câncer.	Grupo de pais com filhos enfermos.
Sofrimento por câncer terminal.	Grupo que visa ao enfrentamento da morte sem medo.

GRUPOS DE MINORIAS OU PESSOAS SOCIALMENTE DESFAVORECIDAS

Problema/anseio	Grupo
(Para os deficientes físicos) Sentimentos de frustração pelas atitudes da sociedade.	Grupo em favor de uma vida decente para pessoas portadoras de deficiência.
(Para os adolescentes) Sentimentos de frustração por assumir uma posição subserviente no meio familiar, na escola, no trabalho.	Grupo de libertação dos adolescentes.
(Para presidiários, familiares ou amigos de presidiários) Ter informações sobre condições humilhantes e indutoras de crimes dentro das prisões.	Grupo pelos direitos dos presidiários.
(Para pacientes e ex-pacientes de hospitais psiquiátricos) Ter sentimentos de opressão pelas condições de internação.	Associação de pacientes de hospitais psiquiátricos.
(Para pessoas com mais de 65 anos) Revolta pela negligência da sociedade em relação às necessidades dos mais velhos.	Associação pela igualdade de oportunidades, independentemente da idade.
(Para soldados) Inconformação com as restrições aos direitos civis no período de prestação do serviço militar.	Grupo pelos direitos dos soldados.
(Para membros de grupos minoritários) Sentimentos de revolta e medo causados pela opressão e pelo preconceito social.	Associação pelos direitos dos grupos minoritários.
Casais cujos parceiros têm diferentes nacionalidades ou raças em busca do fim do preconceito.	Grupo de casais com diferentes origens.
Pessoas que desejam viver sua homossexualidade sem serem prejudicadas pelo preconceito e pela opressão social.	Grupo de liberação gay.
Consumidores em busca de alimentos de melhor qualidade (por exemplo, sem aditivos químicos), a preços razoáveis.	Associação de proteção dos consumidores.
Pessoas com enfermidades crônicas específicas (por exemplo, diabetes) em busca de apoio físico e moral.	Grupo de diabéticos (ou portadores de eczema, asma, miopia grave etc.).

GRUPOS COMUNITÁRIOS VOLTADOS AO MUNDO SOCIOECONÔMICO

- Proteger os direitos dos inquilinos.
- Proteger a vizinhança contra demolições.
- Proteger os parques.
- Defender o controle da produção de armamentos e a diminuição do comércio de armas entre os países.
- Lutar pela redução do tráfego no centro da cidade.
- Exigir das indústrias químicas locais que invistam em controle da poluição, pesquisas, equipamentos e métodos para evitar a fumaça e os resíduos tóxicos.
- Exigir dos agricultores locais que utilizem pesticidas e herbicidas não venenosos e evitem fertilizantes artificiais.
- Lutar pela ampliação do transporte público, com a utilização de meios de transporte não poluentes.
- Defender que os fundos usados na pesquisa nuclear sejam transferidos para as pesquisas que envolvem energias limpas e renováveis, como a solar.
- Exigir melhor monitoramento da poluição na cidade e medidas para sua redução.
- Proteger as florestas locais contra novas construções e contra a especulação imobiliária.
- Exigir do governo que libere estatísticas e informações "confidenciais" a respeito da poluição industrial, dos investimentos industriais em pesquisa e equipamentos antipoluição, assim como das violações, por parte das indústrias, à legislação governamental relativa a esses setores.
- Exigir que o governo preste contas acerca de sua receita e de suas despesas a entidades cívicas, com a presença de advogados especializados no exame de transações financeiras (os resultados podem ser publicados em um boletim: "Associação de cidadãos por um governo sem corrupção").
- Defender a conversão das fábricas de armas em indústrias de bens de consumo popular.
- Exigir a aplicação das leis existentes e que não estejam sendo cumpridas no que diz respeito à proteção de zonas naturais locais: proteção contra o desmatamento, contra construções abusivas, contra a caça de determinadas espécies animais etc.

- Oferecer suporte nacional e internacional para a proteção da floresta amazônica.
- Oferecer suporte nacional e internacional para a proteção da Antártida.
- Ampliar o apoio governamental ao programa de planejamento familiar da ONU (Organização das Nações Unidas).
- Oferecer apoio governamental aos grupos de cidadãos interessados em empreender transformações sociais positivas: disponibilização de locais para a realização de reuniões e espaços para a divulgação de informações, além de ajuda financeira para a publicação de boletins e informativos.

APÊNDICE II COMO UM GRUPO PODE MOBILIZAR O PÚBLICO EM RESPOSTA A UMA CRISE OU A UM PROJETO DE LEI

1. Ocorre um fato particular que atrai a atenção das pessoas: um vazamento de gás tóxico numa fábrica local, um incidente durante o transporte de resíduos radiativos, o naufrágio de um navio petroleiro que culmina com a poluição da costa, ou a apresentação de um projeto de lei a respeito de construções abusivas ou de algum outro problema local. O interesse público de repente é estimulado.
2. O grupo da início a uma pesquisa: seus membros vão às ruas e perguntam às pessoas o que elas acham. Isso faz que todos tomem consciência do problema. (Um breve treinamento pode ser bastante útil para os membros; além disso, é recomendável que trabalhem em duplas, para que a missão se torne mais interessante.)

3. Planeja-se, sem perda de tempo, um debate público, como resposta ao problema. Assim que possível, são definidos data, local e título do evento; um panfleto é impresso e distribuído. Colam-se cartazes em diversos pontos.
4. Como conduzir a reunião? Primeiro, uma saudação cordial e boas-vindas aos amigos, amigos de amigos e recém-chegados. Todos recebem um cumprimento acolhedor: "Olá! Fico feliz por você ter vindo".
5. A reunião é conduzida democraticamente.
6. O facilitador estimula as pessoas a falarem de sua experiência direta com relação ao assunto. Pede-se aos participantes: "Digam sua opinião como tal, e não como verdade absoluta". Explicam-se brevemente os outros princípios da comunicação ecológica, que também constam do mural na parede: evitar a monopolização, evitar julgamentos radicais, ser conciso ao falar etc.

7. Formam-se pequenos subgrupos (de seis a oito pessoas cada um). Os integrantes do grupo, após receberem um breve treinamento, fazem o papel de facilitadores em cada um dos subgrupos, o que garante a todos a possibilidade de fazerem sua intervenção.
8. Cada subgrupo faz um breve relato de sua discussão ao grupo todo. Este discute, em seguida, as possibilidades de um controle sucessivo. Todos os presentes recebem um questionário, a ser respondido voluntariamente, com os seguintes itens: nome, endereço, telefone, *e-mail*, comentários sobre a reunião, interesse em participar do próximo encontro ("sim" ou "não"), interesse em integrar-se ao grupo, interesses relacionados a projetos especiais etc.

APÊNDICE III PESQUISA DE RUA

OBJETIVO Saber o que pensa uma "pessoa comum" sobre os problemas enfrentados pelo grupo e, ao mesmo tempo, promover o interesse pelo tema. Exemplos: poluição, destruição de parques, preconceito contra determinado grupo minoritário, falta de projetos para os adolescentes etc.

Experiência em relação ao problema
"Você já teve alguma experiência direta com esse problema? Acha que ele realmente existe?"

As causas
"Em sua opinião, qual a causa desse problema"?
Depois da resposta: "Você acha que essa é a única causa ou julga haver outros fatores envolvidos na questão?"

Meios de informação
"Como você ficou sabendo da existência desse problema (jornais, televisão, revistas especializadas, amigos etc.)? Acha que as informações divulgadas são suficientes?" (Em caso de resposta negativa, a questão pode ser aprofundada.)

Uma solução?
"Já pensou em alguma solução para o problema? Qual?"

Iniciativa pessoal
"Você considerou a ideia de fazer algo por conta própria para combater esse problema?" (Apenas se a pessoa estiver realmente interessada.)

Iniciativa envolvendo as outras pessoas

"Na sua opinião, existe alguma forma de nos unirmos para enfrentar esse problema?"

O grupo é conhecido?

"Você já ouviu falar do nosso grupo? Tem algum comentário sobre o que estamos fazendo?"

Sugestões

"Como estamos tentando melhorar a nossa abordagem, você poderia nos sugerir algo?"

EXPLICAÇÃO

A pesquisa de rua não serve para que os membros do grupo tentem convencer os outros quanto à solidez de seus argumentos. Muito pelo contrário! É o momento de ouvir as pessoas. É comum que, caso a abordagem seja receptiva e sensível, as pessoas demonstrem interesse maior pelas iniciativas do grupo. É possível que alguns peçam mais informações, por isso é aconselhável ter à mão um folheto contendo as metas do grupo, seus projetos e local de reunião. O objetivo principal da pesquisa de rua, entretanto, é obter mais informações: o que as pessoas realmente pensam com relação ao problema no qual o grupo está interessado? Essas informações podem ajudar o grupo a enxergar suas debilidades no que se refere à abordagem ou à sua postura. Especialmente no caso de grupos que busquem aumentar seu número de membros, pode ser bastante útil saber como as "pessoas comuns" veem o problema e, também, o posicionamento do grupo. Eis uma forma de utilizar o princípio da retroalimentação (feedback) para uma melhor comunicação.

Pesquisa de rua

APÊNDICE IV   **O FESTIVAL DA EDUCAÇÃO**

Os grupos estão em busca de novas formas de expressão e de ação social que apresentem as características essenciais das grandes manifestações (ou marchas), evitando, porém, seus aspectos perigosos, e – o mais importante – introduzam novos elementos, favorecendo o potencial ativo dos participantes. Para muitas pessoas, limitar-se a marchar numa grande manifestação é algo passivo demais. O festival da educação oferece a elas a possibilidade de uma participação mais ativa.

FORMAR GRUPOS, DE TRÊS OU CINCO PESSOAS, COM INTERESSES ESPECIAIS

Imaginemos uma manifestação que comece com uma marcha de trinta minutos e termine num grande parque. Todos os participantes recebem um folheto informativo que explica os objetivos do festival da educação e também contém um mapa do parque, com algumas "áreas especiais" em destaque.

Em cada "área especial" há uma série de grupos de informação e discussão. Os temas variam de acordo com o objetivo da marcha: um problema ecológico, proteção dos direitos dos cidadãos, ajuda a grupos específicos, conservação dos parques. Os temas são indicados no folheto informativo, para permitir que cada pessoa se dirija à área do parque que corresponda aos seus interesses.

Imaginemos um festival da educação com o tema "proteção das águas". Em determinada área do parque, são debatidos problemas locais relacionados com a água: potabilidade, desperdício, proteção dos rios da região, controle da produção de resíduos pelas fábricas locais, análise do impacto de produtos químicos industriais sobre as reservas hídricas etc. Em outra parte do parque, discutem-se os problemas referentes à água, com abrangência nacional: depósitos de reserva, distribuição nacional, leis que determinem os níveis de impureza considerados "seguros", proteção das costas, depuração etc. A seção internacional pode concentrar-se em problemas como a proteção dos mares e oceanos, o perigo de descarga de resíduos tóxicos em águas internacionais, o controle dos navios petroleiros e outros meios de transporte marítimo etc.

Cada grupo não apenas oferece informações e enceta a discussão como também procura responder às seguintes perguntas: "O que podemos fazer?"; "Que entidades estão envolvidas na questão e qual o interesse particular de cada uma?"; "Quais são seus projetos?"; "Que tipo de apoio cada uma pode oferecer?"

Os facilitadores do debate grupal devem, antes do evento, passar por algum tipo de treinamento. Vale mencionar que não é necessário que o facilitador seja o único a oferecer "informações técnicas". Na verdade, deve ocorrer o contrário: o encarregado de dar esse tipo de informação – um membro ou amigo do grupo, um professor, um técnico especializado – deve fazer uma breve apresentação e, em seguida, ajudado pelo facilitador, dar início ao debate. Um método democrático que traz uma resposta, em geral, muito positiva.

A GAMA DE POSSIBILIDADES

Imaginemos um festival da educação organizado por uma rede de grupos pela paz. O tema: "Como podemos criar um mundo pacífico?"

Eis alguns possíveis grupos de interesse especial:

1. Discussão pessoal: por que estou aqui?
2. Discussão técnica: quais são os perigos da guerra nuclear e da guerra convencional?
3. Discussão pessoal: quais das minhas experiências pessoais se relacionam com os efeitos destrutivos da guerra?
4. Discussão sociopolítica: qual estrutura de poder favorece o comércio de armas?
5. Discussão espiritual: quais são minhas crenças pessoais no que diz respeito ao homem?
6. Discussão sobre a atividade: o que eu tenho feito pela paz e o que estou disposto a fazer agora?
7. Informativo espontâneo: durante o festival da educação, entrevistaremos os participantes e prepararemos um informativo a ser distribuído ao final.
8. Música e festa: organizaremos uma festa dançante, com tambores e pandeiros.

9. Violonistas: cantaremos canções conhecidas e outras compostas por nós, por amigos e por conhecidos.
10. Aumento do número de participantes: promoveremos uma discussão sobre formas de estímulo para que mais pessoas se unam a nós futuramente.
11. Grupo de saúde física: faremos exercícios físicos para que nos mantenhamos em forma e, em seguida, conversaremos sobre nossa saúde.
12. Dieta alternativa: discutiremos a influência da alimentação em nosso estado mental e trocaremos ideias sobre como melhorar nossos hábitos alimentares.
13. Professores pela paz: o que podemos fazer na sala de aula?
14. Advogados pela paz: podemos ajudar o movimento com nossos conhecimentos específicos?
15. Trabalhadores pela paz: o que podemos fazer em nossos sindicatos e nos locais de trabalho?
16. Donas de casa pela paz: qual é nosso potencial?
17. Grupo de ioga: prática e discussão.

Obviamente, podem ser sugeridos temas mais provocativos:

18. Evolução ou revolução: ainda temos tempo?
19. Acordei gritando por causa do pesadelo nuclear. E vocês?
20. Discussões de derrotistas: "Acho que é tarde demais".
21. Vale a pena ter um filho no mundo de hoje?
22. Minha família é a favor da energia nuclear: como posso discutir a questão com eles sem brigarmos?
23. É possível que haja um longo período de paz num mundo autoritário?

Os grupos de interesse especial podem concentrar-se na cooperação entre grupos:

24. O denominador comum entre os diferentes grupos participantes.
25. Cooperação entre grupos: organizar um show de rock.
26. Troca de ideias entre grupos que se interessam pela publicação de periódicos.
27. E se apresentarmos, juntos, um projeto de lei visando ao apoio governamental para obtermos a expansão do nosso espaço publicitário?
28. Que tal compararmos nossas abordagens quanto à apresentação de novos membros?

Alguns grupos espontâneos se formarão ao final da jornada, com troca de endereços por parte de alguns integrantes, outros grupos talvez se encontrem depois do festival para levar adiante algum projeto. Assim, o movimento ecológico pode entrar numa fase de expansão, com a formação de grupos independentes suficientemente pequenos para que permitam contato pessoal direto entre todos. Nesses grupos, a regra é: desenvolver os talentos individuais e, ao mesmo tempo, buscar atingir o objetivo grupal.

Em suma, o festival da educação é um método usado por grupos ecologistas não só para apresentar outra visão da sociedade como também para criar os meios necessários para a concretização de seus objetivos.

BIBLIOGRAFIA

BOLOGNA, Gianfranco; LOMBARDI, Paolo. *Uomo e ambiente: manuale di idee per la conservazione de la natura.* Roma: Gremese, 1986.

COOPERATIVA PASSAPAROLA (org.). *Percorsi di formazione alla nonviolenza.* Turim: Satyagraha, 1992.

GORDON, Thomas. *Genitori efficaci.* Molfetta: La Meridiana, 1994.

L'ABATE, Alberto. *Consenso, conflitto e mutamento sociale.* Milão: Franco Angeli, 1990.

L'ABATE, Alberto (org.). *Addestramento alla nonviolenza.* Turim: Satyagraha, 1985.

LABORIT, Henri. *A pomba assassinada.* Trad. Paulo Vieira da Rocha. Campinas: Pontes, 1993.

LISS, Jerome; BOADELLA, David. *La psicoterapia del corpo.* Roma: Astrolabio, 1986.

LOOS, Sigrid. *Novantanove giochi.* Turim: EGA, 1989.

MARCATO, Paolo; GIOLITA, Augusta; MUSUMECI, Luciana. *Benvenuto! Con 32 giochi di accoglienza.* Molfetta: La Meridiana, 1997.

MARCATO, Paolo; DEL GUASTA, Cristina; BERNACCHIA, Marcello. *Gioco e dopogioco. Con 48 giochi di relazione e comunicazione.* Molfetta: La Meridiana, 1996.

MELANDRI, Giovanna (org.). *Ambiente Italia, 1991: lo stato di salute del paese e le proposte per una società ecológica.* Milão: Mondadori, 1991.

NOVARA, Daniele. *Scegliere la pace.* Turim: EGA, 1986-1989.

PARKNAS, Lennart. *Attivi per la pace. Manuale per la gestione del percorso emotivo nei gruppi.* Molfetta: La Meridiana, 1998.

PATFOORT, Pat. *Costruire la nonviolenza. Per una pedagogia dei conflitti.* Molfetta: La Meridiana, 1992.

SALIO, Giovanni. *Le guerre del Golfo e le ragioni della nonviolenza.* Turim: EGA, 1991.

SIVERO, B.; MASNOVO, J. (orgs.). *Mappa dell'Italia naturale.* 4. ed. Florença: AAM Terra Nuova, 1990.

---------- dobre aqui ----------

CARTA-RESPOSTA
NÃO É NECESSÁRIO SELAR

O SELO SERÁ PAGO POR

AC AVENIDA DUQUE DE CAXIAS
01214-999 São Paulo/SP

---------- dobre aqui ----------

------ recorte aqui ------

GESTÃO DE GRUPOS COMUNITÁRIOS – AS BASES DA COMUNICAÇÃO ECOLÓGICA

CADASTRO PARA MALA DIRETA

Recorte ou reproduza esta ficha de cadastro, envie completamente preenchida por correio ou fax, e receba informações atualizadas sobre nossos livros.

Nome: _____ Empresa: _____
Endereço: ☐ Res. ☐ Coml. _____ Bairro: _____
CEP: _____ - _____ Cidade: _____ Estado: _____ Tel.: ( ) _____
Fax: ( ) _____ E-mail: _____ Data de nascimento: _____
Profissão: _____ Professor? ☐ Sim ☐ Não Disciplina: _____

1. Você compra livros:
☐ Livrarias ☐ Feiras
☐ Telefone ☐ Correios
☐ Internet ☐ Outros. Especificar: _____

2. Onde você comprou este livro? _____

3. Você busca informações para adquirir livros:
☐ Jornais ☐ Amigos
☐ Revistas ☐ Internet
☐ Professores ☐ Outros. Especificar: _____

4. Áreas de interesse:
☐ Educação ☐ Administração, RH
☐ Psicologia ☐ Comunicação
☐ Corpo, Movimento, Saúde ☐ Literatura, Poesia, Ensaios
☐ Comportamento ☐ Viagens, *Hobby*, Lazer
☐ PNL ☐ Cinema

5. Nestas áreas, alguma sugestão para novos títulos?
_____

6. Gostaria de receber o catálogo da editora? ☐ Sim ☐ Não
7. Gostaria de receber o Informativo Summus? ☐ Sim ☐ Não

Indique um amigo que gostaria de receber a nossa mala direta

Nome: _____ Empresa: _____
Endereço: ☐ Res. ☐ Coml. _____ Bairro: _____
CEP: _____ - _____ Cidade: _____ Estado: _____ Tel.: ( ) _____
Fax: ( ) _____ E-mail: _____ Data de nascimento: _____
Profissão: _____ Professor? ☐ Sim ☐ Não Disciplina: _____

Summus Editorial
Rua Itapicuru, 613 7º andar 05006-000 São Paulo - SP Brasil Tel. (11) 3872-3322 Fax (11) 3872-7476
Internet: http://www.summus.com.br   e-mail: summus@summus.com.br

------ cole aqui ------